Sammlung Vandenhoeck

V&R

Inhalt

Vorwort

Meine Ausführungen über die Wertewelt des Judentums erwuchsen
ursprünglich aus einer Reihe von Gesprächen und Symposien, die
dem Thema der Holokaust-Literatur und deren Antithese in der
jüdischen Ideenwelt gewidmet waren.[1]

Rahmen ist der psychoanalytische Zugang zu geisteswissen-
schaftlichen Themen, und damit das Denken in Gegensätzen, in
Konflikten und Komplementaritäten. Es dürfte sich lohnen, die
Ausführungen über das Judentum in diesen größeren Zusammenhang zu stellen.

Einen ersten kurzen Abriß davon und Auszug daraus veröffent-
lichte ich im VIII. Kapitel meines Buches »Magische Verwandlung
und tragische Verwandlung« (1999). An den mir damals vorliegen-
den Überlegungen und auch den früheren, vor allem in meinem
Buch »Die zerbrochene Wirklichkeit« (1989) hinzugezogenen Zitate aus dem jüdischen Schrifttum baute ich seither ständig weiter
und suchte, die Gedanken zu vertiefen und in systematischerer Weise anhand jenes Leitfadens der a priori gesetzten Wichtigkeit von
Konflikt und Komplementarität zu ordnen. Diese Grundlagen und
Ausgangspunkte bleiben in diesem Buch erkennbar, doch versuchte
ich namentlich die wiederbenutzten Erzählungen nur kurz zusammenzufassen. Gewisse Wiederholungen erwiesen sich dabei als unvermeidlich.

Zugleich (und angespornt durch die Einladung, an der Interna-
tionalen Menschenrechtskonferenz in Nürnberg zum Thema Antisemitismus, Rassismus und Intoleranz aus psychoanalytischer Sicht
zu sprechen[2]) erscheint es als sinnvoll, mich mit dem Problem des
Fremdenhasses überhaupt, dem des antijüdischen Vorurteils im besonderen und dem des Ressentiments als dem explosiven Element
auseinanderzusetzen, das allem Vorurteil innewohnt und ihm die so

überaus mörderische Wucht verleiht. Dabei werden mörderisches oder sonstwie giftiges und vergiftendes Vorurteil gegen Rassen, Klassen, Religionen, Geschlecht politisch oft geschickt durch Täuschung und Lügen, namentlich als angepriesene Friedfertigkeit und Treuherzigkeit verhüllt – in John Miltons Worten: »a certain clandestine Hostility covered over with the name of Peace« (zit. n. Safire, New York Times, 4. Juni 2001, A21).

Noch ein Wort zur Transkription: Ich versuche, die hebräischen und aramäischen Wörter so nahe der deutschen Schriftweise umzuschreiben, wie es mir möglich ist. Eine Ausnahme ist das hebräisch Zajin, das stimmhafte S. Ich gebe es mit dem Buchstaben Z wieder (z. B. Zohar, Klezmer [= kli zémer, Instrument]). Das deutsche Z schreibe ich daher als Tz. Manchmal behalte ich die sonst übliche Schreibweise bei, zum Beispiel Kabbala statt Qabbalah. Für das Russische nahm ich die den slawischen Sprachen am besten entsprechende tschechische Transkription an, so weit mir dies möglich war. Viele der Zitate fügte ich, wie in meinen anderen Büchern, im Original bei, da sie oft schwer übersetzbar sind und dem, der sich in der Sprache auskennt, so sehr viel mehr bedeuten.

Eine psychoanalytische Darstellung der Werte- und Ideenwelt des Judentums kann dessen Antithese nicht ganz vermeiden. Damit beginne ich.

I

Der Ausgangspunkt: Fremdenhaß, Judenhaß und Judenvernichtung

Das Wort *Holokaust* wird ganz allgemein für die Vernichtung des europäischen Judentums durch die Nazis und ihre Verbündete in vielen Ländern gebraucht. Es geht auf das griechische Verbum *holokautéin* oder *holokautóun* (mit Partizipform *holókautos*) und das im Neuen Testament vorkommende *holokáutoma* zurück, die sich alle auf das *Brandopfer* beziehen: *hólos* bedeutet »ganz«, und *káiein* heißt »verbrennen«, *kausis* »das Verbrennen« (vgl. Kaegi 1931).

Das im Hebräischen oft dafür gebrauchte Wort *Schoáh* שוֹאה bedeutet »Unheil, Unwetter«, von den Propheten oft genau im Sinn für eine solche Katastrophe gemeint, zum Beispiel in Zephania 1,15: »ein Tag von Unheil und Vernichtung – jom schoáh umeschoáh«. In der jüdischen Tradition war hingegen das Wort *Churbán*, »Verheerung, Verwüstung«[3] gebräuchlicher. Es erinnert an die Zerstörung des ersten und des zweiten Tempels in Jerusalem. Die Katastrophe, um die es sich dabei handelte, ist so überwältigend, so unfaßbar, so unaussprechlich, daß es oft verwegen, ja freventlich erscheint, ihre Voraussetzungen verstehen, ihre Ursachen erklären zu wollen. Und doch gibt es nichts Wichtigeres, als diesen Versuch zu unternehmen.

Bei einer solchen Untersuchung wird klar, daß es nicht das ist, was der Verhaßte *tut*, das zählt, sondern das, was er *ist*. Dabei ist es immer das Bestreben des Verfolgenden, dem Verhaßten und Auszurottenden daran die Schuld zu geben – eine Schuld dafür, was dieser angeblich getan hat oder tut. Der so Angeschuldigte versucht dann stets von neuem, das vermeinte, zuweilen auch das getane Unrecht gutzumachen (denn wer ist ohne Schuld? Wer hat nie falsch gehandelt?), ohne daß es ihm gelingen kann, die Verfolgung oder Hetzpropaganda zu vermindern; oft ist es vielmehr im Gegenteil so, daß die wahrgenommene Schwäche nur den Haß verstärkt, die bezeugte Großmut den Groll des Verfolgers auf den, dessen Identität und Existenz selbst vom ihm als radikale Bedrohung empfunden wird, nur noch vertieft.[4] Da aber die Natur dieser Bedrohung und die Wurzel dieser Angst zumeist unbewußt sind, verläuft der Prozeß mit der charakteristischen zwanghaften Wiederholung, der Stereotypie, der Rigidität, die dem neurotischen Prozeß zu eigen sind: keine Versöhnlichkeit, keine Konzession, kein rationales Argument vermag die Lawine der Hetzpropaganda draußen oder den Ansturm des Grolls von innen aufzuhalten. Nur wer zu den Wurzeln der äußeren oder inneren Diktatur vordränge und diese zu beseitigen vermöchte, könnte eine wirkungsvolle Änderung herbeiführen.

Im Musical »South Pacific« von Roger und Hammerstein heißt es: »You have to be taught before it is too late,/ before you are six or seven or eight,/ to hate the people your relatives hate./ You have to be carefully taught. . . . You have to be afraid of people/ whose eyes are oddly made,/ of people whose skin is a different shade. You have to be carefully taught . . .«

Alle Ideologien, alle philosophischen und politischen Ismen können, in Dostojewskijs Worten, zu »Dämonen« werden, zu Teufeln (besy), die gleichsam in eine Herde von Schweinen fahren und diese zur Selbstertränkung ins Wasser treiben.

Ich möchte daher den Hintergrund dieses Rassen- und Fremdenhasses eingehender von einer psychoanalytischen Warte aus untersuchen. Dabei kann der Antisemitismus, oder besser gesagt, der bis in die Antike zurückreichende Judenhaß, als das umfassendste Grundmuster dienen, in dem alle Fäden besonders klar erkennbar sind; doch sind Teile davon, wie ich auch immer wieder erwähnen werde, bei irrationalen Feindschaften gegen andere Minderheiten sehr deutlich, ob es sich nun um Schwarze, Chinesen, Muslime, Türken, Araber, Tutsis, Gutsbesitzer, Linke, Homosexuelle oder Frauen handelt.

Ich beginne mit einem literarischen Beispiel, einem kurzen Ausschnitt aus Dostojewskijs »Die Brüder Karamasow«.

Die Ritualmordlegende bei Dostojewskij

Lisa Chochlakowa, die hysterische Jugendfreundin Aljoša Karamasows, ist wieder einmal an den Rollstuhl gebannt: »Ich will Unordnung. Ich möchte immer das Haus anzünden«, bekennt sie ihm. Oder sie möchte jemanden töten. Einen Mann würde sie wie einen Kreisel behandeln, ihn drehen lassen und ihn mit der Peitsche schlagen, schlagen, schlagen. *»Wozu in der Wirklichkeit leben, es ist besser zu träumen.* ... Ich will mich zerstören. *Alle lieben Zerstörung und den Vatermord.«*

Dann unterbricht sie sich und stellt die Frage: »Aljoša, ist es wahr, daß die Juden zu Ostern Kinder stehlen und schlachten?«

Aljoša sagt: »Nje znaju – ich weiß es nicht.«

Sie fährt fort: »Hier habe ich ein Buch, und ich las über eine Gerichtsverhandlung: Ein Jude hatte einem vierjährigen Knaben zunächst alle Finger an beiden Händen abgeschnitten und ihn danach an der Wand gekreuzigt, er schlug ihn mit den Nägeln an die Wand und kreuzigte ihn, und dann sagte er vor Gericht, daß der Knabe bald gestorben sei, nach vier Stunden. Das ist bald! Er sagte: Er stöhnte, er stöhnte ständig, er selbst aber sei davor gestanden und habe sich daran ergötzt. Dies ist gut (chorošó, auch ›schön‹)!«

»Gut?«

»Ja, gut. Ich denke manchmal, daß ich den selbst gekreuzigt habe. Er hängt [an der Wand] und stöhnt, ich aber setze mich vor ihn hin und esse Ananaskompott. Ich esse sehr gern Ananaskompott. Sie auch?«

Aljoša blickte sie schweigend an. Ihr bleich-gelbliches Gesicht verzerrte sich plötzlich, ihre Augen glühten.

»Wissen Sie, als ich das von jenem Juden las, zitterte ich die ganze Nacht in Tränen. Ich stelle mir vor, wie das Kindchen schreit und stöhnt (vierjährige Knaben verstehen doch schon), aber jener Gedanke an das Ananaskompott ging mir die ganz Zeit nicht aus dem Kopf.«

Sie finde beides, das Abschneiden der Finger und verachtet zu werden, gut und schön. An dem Punkt schreit sie: »Aljoša, retten Sie mich!«, springt von der Couchette auf und hält ihn stark in ihren Armen. Sie werde sich töten, alles sei ihr so ekelhaft (gadko). Warum könne er sie nicht lieben? Wie er ihr versichert, er liebe sie, entgegnet sie ihm, sie brauche nur seine Tränen, sonst solle man sie bestrafen und zertrampeln, denn sie liebe niemanden. Nachdem er gegangen ist, klemmt sie ihren Finger in den Türspalt und schlägt die Tür zu. Wie sie den blutenden, schwarzwerdenden Finger anschaut, flüstert sie:»Gemein, gemein, gemein, gemein« (podlaja) (russ. Ausg., S. 628–633).

Es ist eine faszinierende Abfolge von stark sexualisierten Wünschen von trotziger Aggression und Quälen, einem Schwelgen in sadistischen Bildern, einem steten Provozieren eigener Demütigung und Beschämung, worauf dann der verzweifelte Ruf folgt, doch und trotz allem geliebt und geachtet zu werden, und dann die brutale Selbstbestrafung, als ob sie sich nur achten könnte, wenn sie sich ganz dem körperlichen statt dem seelischen Schmerz hingeben würde. Es ist eine Sequenz von Sadismus, Scham und körperlichem Schmerz, um dem tiefen inneren Schmerz und der Realisierung zu entgehen:»Ich liebe niemanden – ja nje ljublju nikovo« (russ. Ausg., S. 633), was selbst wieder ihre Realität bekundet:»Ich liebe niemanden, denn ich werde von niemandem geliebt, und der seelische Schmerz darüber ist unerträglich, die Scham dafür ist überwältigend, und die Wut wäre nicht auszuhalten.«

Wenn wir auf das weitere Umfeld der Werke Dostojewskijs schauen, geht es ihm immer wieder um das Quälen und Leiden eines hilflosen Kindes, doch ist der Aufschrei gegen das Unrecht der mißbrauchten Kinder hier eingekleidet in die antisemitische Ritualmordlegende, die seit dem Mittelalter immer wieder zu Massenpogromen und -verbrennungen geführt hat und die Dostojewskij in seinem eigenen tiefen Fremden- und Judenhaß zu teilen schien. Doch was steht hinter der Ritualmordlegende und der Legende von der jüdischen oder zionistischen Weltverschwörung, die auch heute wieder ganz wichtig in der Propagandahetze gegen die Juden ist, wird sie doch täglich, zusammen mit den»Protokollen der Weisen von Zion« in der arabischen Presse und Literatur kolportiert (u. a. auch in einem Buch des syrischen Verteidigungsministers Mustafa Tlas)? Was können wir daraus allgemeiner über die Natur von Rassenhaß, Fremdenhaß und Intoleranz lernen?

Motive von Fremdenhaß und Antisemitismus

Aus politischer, klinischer und geschichtlicher Erfahrung sind die zwölf folgenden hauptsächlichen Motive für Xenophobie, Rassismus und Antisemitismus zu erschließen:

1. Zunächst einmal ist es »das Fremde in uns« überhaupt (Gruen 2000), was im Fremden – im Juden, im Zigeuner, im Slaven, im Franzosen, im Levantiner, im Türken und natürlich bei uns besonders im Schwarzen oder aber im Ostasiaten – gesehen werden: die abgewehrten Teile unserer Identität, unseres Selbstbilds. Freud bemerkt, daß »das Gemeinschaftsgefühl der Massen ... zu seiner Ergänzung die Feindseligkeit gegen eine außenstehende Minderzahl« brauche. Dazu komme ihre Verschiedenheit, »oft in undefinierbarer Art anders als zumal die nordischen Völker, und die Intoleranz der Massen äußert sich merkwürdigerweise gegen kleine Unterschiede stärker als gegen fundamentale Differenzen« (Freud 1937/1939, S. 197). Anderswo spricht er vom »Narzißmus der kleinen Differenzen« (1930, S. 473 f.), wobei die Aggression gegen die Anderen sie von der eigenen Gemeinschaft ablenkt und damit Liebe und Zusammengehörigkeit der Innenstehenden vertiefen und unambivalent machen soll: »Nachdem der Apostel Paulus die allgemeine Menschenliebe zum Fundament seiner christlichen Gemeinde gemacht hatte, war die äußerste Intoleranz des Christentums gegen die draußen Verbliebenen eine unvermeidliche Folge geworden« (S. 474).

2. In der Abwehr gegen alle Teile der eigenen Identität, die auf diese Außenstehenden projiziert werden, ist es besonders alles, das mit Schmerz und Trauer, mit Scham und Schuld zu tun hat, das im Anderen gehaßt und verachtet wird. Allgemeiner sind es alle Gefühle, die, infolge ihrer traumatischen Herkunft, überwältigend und unkontrollierbar zu werden drohen, für die der Andere, Fremde, als Träger aufzutreten hat. Diese Projektion ist um so leichter, wenn dieser Andere ganz anders mit seinen Gefühlen umgeht als der Vorurteilsbehaftete. Sowohl Juden wie Schwarze wie viele Mittelmeermenschen sind weit freier, weniger gehemmt im Ausdruck ihrer Affekte, im Weinen wie im Lachen, in der Freude wie im Gram, als dies in den Traditionen im deutschen, skandinavischen und angelsächsischen Bereich (in Freuds Worten: »die nordischen Völker«) der Fall ist. Ich glaube, es ist ganz besonders diese andere Einstellung zur

Emotionalität, die namentlich den Juden zum Repräsentanten des *eigenen Schamselbst* macht. So wird dann, in immer weiteren Kreisen von Bedeutung, alle Schwäche, alles Unkontrollierte, alles Anale, auch die Phantasie des Kastriertseins, auf die Juden projiziert. Sie sind die »Schweine«, die »Schleimigen«, »die Unsauberen« und »Stinkenden.« Dabei ist es das eigene Sichschämen für jegliche Form von Schwäche, das zum Leitstern der Moral erhoben wird. Die Phantasie des Schmutzes ist übrigens eine Grundphantasie des Menschen, eine, die schon das kleine Kind und jede Kultur begleitet: Was innen ist, ist rein; was die Grenze von innen nach außen hin übertritt, wird durch diesen Schritt in Schmutz verwandelt (Kubie 1937).

3. Eine Sonderform davon ist die Verachtung der Frau und des Weiblichen, als Ausdruck der Angst vor der überwältigenden und verschlingenden Anziehung der Mutter. Geschichtlich gehen die Feindseligkeit gegen das Weibliche und die Unterdrückung und Verachtung der Frau ganz gewöhnlich mit der Verhöhnung und Ächtung der Juden einher. Die verdrängte Sexualität, die Entwertung jeder Lust und Freude im Dienste eines autoritären Asketismus ist eine Quelle unendlichen Ressentiments, eines Gefühls des Zukurzgekommenseins. Was in einem selbst als niedrig und gemein und verworfen erlebt wird, muß dem Anderen zugeschrieben werden[5]; das Blutopfer soll die eigene Sünd- und Schmutzhaftigkeit abwaschen.

4. Die Juden sind eine Zielscheibe par excellence für das Ressentiment, eine Form des Hasses, die in Neid und Eifersucht wurzelt und als fulminantes Ungerechtigkeitsgefühl erlebt wird. Alles selbst erlittene Unrecht wird ihnen als Allmächtigen und Überlegenen zugeschoben, die einem das, was man verdient hat und einem zusteht, geraubt haben. Die über Jahrtausende zu einer zentralen Eigenschaft des Judentums erhobenen und herausgearbeiteten Geistigkeit und Neigung zum symbolischen Denken und die damit verbundene Hochschätzung des Intellektuellen wird Anlaß zu brennendem Neid. Im Ressentiment sammelt sich all dieser Neid. Es gibt ein mittelalterliches Sprichwort, das der jüdisch-spanische Dichter Schlomoh Ibn Gabirol in seine Sammlung arabischer Sprichwörter aufgenommen hat (von Ibn Tibbon ins Hebräische übersetzt): »Für jeden Haß besteht Hoffnung auf dessen Heilung, mit Ausnahme des Hasses, der aus dem Neid stammt.«[6] Zu diesem Thema des Ressentiments, das das wichtigste gemeinsame Element für alle Intoleranz,

für allen Fremdenhaß, für alle ideologische Ächtung und Verfolgung ist, habe ich mich in meinen anderen Werken bereits eingehend geäußert.

5. Eine Sonderform davon ist die Identifizierung der Juden mit dem Geld: »Wir wollen die Juden in das Geldverleihen zwingen und dann dafür hassen. Und indem wir sie für das Geldverleihen hassen, wollen wir sie dann dadurch definieren«, sagt James Carroll (2001).[7] Die eigene Geldgier wird, als etwas Unchristliches, Böses, dem Fremden zugeschrieben. Hier, wie mit dem Blutopfermythos, wird ein zentrales Stück der jüdischen Selbstdefinition und der biblischen Ethik umgedreht: das Abschwören des Goldenen Kalbs und damit die Abwertung einer ganz wichtigen Form der Verdinglichung des Menschen: Das Abgewiesene wird ebenso zur Definition des Jüdischen gemacht wie die Unreinheit und das Schwein oder wie das Blutopfer, oder wie die sexuelle Geilheit und Ungehemmtheit. Alle Zentralinhalte der jüdischen Ethik werden dadurch in ihr Gegenteil verkehrt und zur Umdefinierung der Juden benutzt. Was für die Juden eine ethische Hauptgefahr bedeutet, wird damit zu ihrem Kennzeichen umgeprägt.

6. Zudem stehen die Juden für das Über-Ich, dem man zu entrinnen wünscht. Sie vertreten das Gesetz, dem man trotzen möchte und symbolisieren das Gewissen, das die Aggressionen unterdrücken will. Die Ethik des Judentums stellt einerseits die Gerechtigkeit und die Liebe für den Anderen ins Zentrum, und in dieser Hinsicht ist es eine Schuldreligion und Schuldkultur par excellence. Andererseits ist die Achtung für die Ehre und Würde des Anderen als Person in ihrem Eigenwert und als Selbstzweck ein ebenso wichtiges Postulat, und damit das Sichhüten vor der Beschämung des Nächsten. In dieser Weise ist das Judentum auch eine Schamreligion und Schamkultur ähnlich der chinesischen. Das ganze jüdische Gesetz und besonders das Riesenwerk des Talmud ist eine nach außen vertretene Gewissensmacht. So wie der Talmud, so muß der Jude verbrannt werden – das Auge und die Stimme des eigenen Gewissens.

Dazu kommen nun mehrere Faktoren, die dem Judentum als Gegenreligion gelten – zuerst zur ägyptischen Staats- und Todesreligion, dann zum griechisch-römischen Bilderkult, ihrem Synkretismus und tiefen Pluralismus, und schließlich, und vor allem dem Christentum.

7. Diese Juden verkörpern die Zweifel am eigenen Glauben, am Glauben an die Erlösung durch Gnade. Zu vielen Völkern kam das Christentum spät und unter Zwang: »Sie haben ihren Groll gegen die neue, ihnen aufgedrängte Religion nicht überwunden, aber sie haben ihn auf die Quelle verschoben, von der das Christentum zu ihnen kam. ... Ihr Judenhaß ist im Grunde Christenhaß« (Freud 1937/1939, S. 198). Grunberger und Dessuant sprechen auch von den Juden als den »Zerstörern der christlichen Illusion, der narzißtischen Himmelfahrt ... der jüdische Monotheismus habe den Menschen die Illusion genommen, Gott sein zu können« (zitiert aus der Rezension von Eickhoff 2000). Diesem Glauben, der dogmatischen Sicherheit im Christentum und im Islam überhaupt, aber auch den absoluten Gewißheiten aller totalitärer Systeme steht eine viel größere Betonung des Bedenkens des Gegensätzlichen, des inneren Konflikts und der Komplementarität der widerstreitenden Kräfte und Werte gegenüber. Diese Doppeldeutigkeit und Paradoxie der Wahrheit ruft Angst hervor. Religion ist ja zu nicht geringem Maß eine Strategie zur Bewältigung von Ängsten, besonders vor Sexualität, vor Schmerz, vor Scham und Schuld sowie vor dem Tod und der tiefen Kränkung über die vielfache Ungerechtigkeit des Lebens und der Welt.

8. Dazu bedeutet das Jüdische eine andere, freiere Einstellung zur Sexualität und zum Körper überhaupt; diese seien zu heiligen und nicht als etwas Böses abzutun. Dadurch wird der Jude zum Versucher, zum Träger eben der sexuellen Gefahr, und damit auch zu dem, der der Annahme einer Erbsünde des Menschen widerspricht und, gegenüber dem Glauben, die eigene Verantwortung für das Tun betont. Das Judentum will von Gnade nichts wissen.

9. Auserwähltsein bedeutet im Judentum nicht eine besondere Gnade, sondern ein besonderes Aufgerufensein zur Verantwortlichkeit gegenüber dem Anderen, gegenüber sich selbst, gegenüber der Familie, gegenüber dem Volksganzen über die Jahrtausende hin. Überdies gilt jedes Individuum und ganz besonders jedes andere Volk als etwas Spezielles, als etwas Auserwähltes, als zu etwas Besonderem Aufgerufenes. Doch geht damit auch eine seltsame Verbindung von Partikularismus und Universalismus einher. Die eine große ethische Hoffnung richtet sich auf ein universelles Rechtssystem, ein Reich von Gerechtigkeit und Achtung und

Schutz für den Schwachen – die Idee des Messianismus. Die andere große ethische Forderung ist der Schutz der Partikularität, des Besondersseins. Viele der Gesetze sind genau darauf ausgerichtet, die Abgesondertheit zu wahren, die spezielle und spezifische Identität zu schützen und weiterzuentwickeln. Ein nicht unwichtiger Teil davon sind die Gesetze, die sich auf die Hütung der Familienreinheit im sexuellen Sinn wie die körperliche Reinheit richten. »Ich wage die Behauptung«, sagt Freud, »daß die Eifersucht auf das Volk, welches sich für das erstgeborene, bevorzugte Kind Gottvaters ausgab, bei den anderen heute noch nicht überwunden ist, so als ob sie dem Anspruch Glauben geschenkt hätten« (Freud 1937/1939, S. 197 f.). Der Stolz auf dieses Besonders- und Ausgesondertsein erzeugt im Anderen zunächst ein Gefühl der Beschämung, nämlich die Scham darüber, ausgeschlossen zu sein, und dann Ärger, Wut, Ressentiment und schließlich bitteren Haß.

10. Als Unterwerfung unter die römische Staatsgewalt der frühen Christen und als Schutz davor, mit den gegen diese aufrührigen Juden identifiziert zu werden, wurde vor allem durch Paulus und durch die von ihm bestimmte Redigierung der Evangelien eine sehr stark judenfeindliche Tendenz vorherrschend. Namentlich wurden die Juden angeklagt, Jesus ermordet zu haben. Sie wurden zu den Christusmördern, deren Anklage die christlichen Kirchen zu einem Zentralinhalt des Glaubens erhoben und immer wieder ausgedrückt haben, so prägnant zum Beispiel in den Passionen und Kantaten von Bach wie in den Traditionen der katholischen Kirche. Es ist dieser Inhalt, der von Freud ganz ins Zentrum gestellt wird: »Das arme jüdische Volk, das mit gewohnter Hartnäckigkeit den Mord am Vater [den angeblichen Mord an Moses, dem Urvater, wie dies Freud rekonstruierte] zu verleugnen fortfuhr, hat im Laufe der Zeiten schwer dafür gebüßt. Es wurde ihm immer wieder vorgehalten: Ihr habt unseren Gott getötet.« Ein Zusatz solle sagen: »Wir haben freilich dasselbe getan [den Mord Gottes, des Urvaters], aber wir haben es zugestanden und wir sind seither entsühnt« (S. 196).

»Was die ideale narzißtische Einheit bedrohe, werde dem Teufel, der Schlange oder dem Juden zugeschrieben, der an der Weigerung festhalte, den Menschensohn mit einer Gottheit zu verwechseln, dem Neuen Bund anzugehören, der die Welt zu erlösen behauptete. Der Mythos vom Juden als Gottesmörder habe das Echo im Unbewußten gefestigt. ... Antijüdische Gewalt begleitet das Christentum wie ein Schatten ...« (Grunberger-Rezension, Eickhoff 2000). Der heutige Islam hat diese religiöse Anklage des Mordes an Jesus und des Verrats von Mohammed zu einem Zentralpunkt antisemitischer Propaganda erhoben, wie das der Präsident Syriens, Baschar al-Assad, in der Begrüßungsrede vor dem Papst prägnant zum Ausdruck gebracht hat.

11. Etwas weiteres ist auffällig beim Antisemitismus, und beim Rassen-, Klassen-, Völker- und Religionenhaß und Fremdenhaß überhaupt. Sehr merkwürdig ist es nämlich, daß die äußersten Gegensätze in der Haßdefinition nebeneinander bestehen. Es kann wiederum am besten beim Bild des Juden exemplifiziert werden: Er ist verächtlich in seiner Schwäche und doch allmächtig; er ist der Führer der kapitalistischen Welt und Anstifter der bolschewistischen Weltrevolution, er ist übersexuell und doch unmännlich, absurden Reinheitsgesetzen verhaftet und doch ein schmutziges »Judenschwein«, skrupellos und doch übermäßig auf Gerechtigkeit ausgerichtet, auf Rache bedacht, doch von einem irrationalen und gefährlichen Zugehörigkeitsgefühl beseelt. Er wird als nationsloser, heimatloser Verräter verschrieen, doch der Zionismus wird mit Rassismus gleichgesetzt und gehaßt. Seine Selbstverteidigung wird ebenso verurteilt wie seine Wehrlosigkeit verhöhnt. In etwas ähnlicher Weise heißt es von »dem« Schwarzen, er sei zugleich weibisch, doch ein männlicher Sexualverbrecher, er verkörpere eine sorgende Mütterlichkeit, der man die Kinder anvertraut, und eine angeborene Mörderischkeit.

Der Rassenhaß hat daher sehr viel mit dem analytischen Begriff der Charakterperversion gemeinsam, besonders das Nebeneinanderbestehen von unversöhnlichen Gegensätzen, dem Ja und Nein, und die Konkretisierung – ganz ähnlich anderen Übertragungsverzerrungen, die wir aus den psychotherapeutischen Behandlungen kennen. Die menschheitsbeherrschende Macht und Gewalt der Verleugnung zeigt sich im Nichtsehenwollen des Persönlichen, des Gesonderten, des sich nicht in Kategorien Fügenden und besonders auch in allem, das komplex, also konflikthaft ist – und all dies wird durch den Fremden, und am allermeisten durch den Juden symbolisiert.

12. Dazu kommt der Mythos vom Blutopfer. Das christliche

Grundsakrament ist die Verwandlung von Wein und Brot in Blut und Fleisch Christi. Und Christus ist der Sohn, der von Gott, seinem Vater, geopfert wurde, um die Sünden der Welt auf sich zu nehmen, für sie zu büßen und so die Menschheit von der Erbsünde zu erlösen. Von den Juden wird dies nicht nur nicht anerkannt, sondern der ganze ursprüngliche Opferkult, bei dem die Opferung des Tiers als »Näherung« (Qorbán) von Mensch und Gott erlebt und das Blut des Tieropfers als Mittel zur rituellen Entsühnung aufgefaßt wurde, wird von Juden durch das Gebet als geistige Opferstruktur ersetzt, das Menschenopfer selbst wird als Greuel abgelehnt und der Blutgenuß überhaupt verboten. Die mythische Erzählung vom ursprünglichen Pessachopfer, bei dem in Ägypten das Blut des Lammes als Schutz vor dem Todesengel an die Türpfosten gestrichen wurde, verwandelte sich in eine Feier der befreiten Gemeinschaft und Familie mit Hilfe einer Reihe tiefer Symbole, unter anderem dem ungesäuerten Brot, den Matzot. In einer perversen Verkehrung wurde dann in der Ritualmordlegende des christlichen Mittelalters, und wie wir es auch bei Dostojewskij gesehen haben, behauptet, die Juden schlachteten christliche Kinder, um deren Blut zur Herstellung der Matzot zu verwenden. Diese Kindesopferungslegende wurde dann zum Vorwand für unzählige Pogrome und Massaker benutzt, gerade auch im zaristischen Rußland. Es war eine Umkehrung der christlichen Blutmystik des geopferten Sohnes und der Identifizierung mit ihm, dem gekreuzigten Christus, zu einer perversen jüdischen Blutmystik des Kindsopfers. Der sich durch die ganze jüdische Geschichte immer drastischer manifestierende Zug zur Symbolisierung wurde im Christentum durch eine stark gegenläufige Tendenz zur Desymbolisierung zum Teil rückgängig gemacht: Aus der symbolischen Opferordnung in Form des Gebets und früher in Form des Tieropfers wurde wieder das Menschenopfer. Die abgewehrte Tötung des Sohnes Isaaks durch Abraham wird zur Opferung des Gottessohnes Christus und zur Abschlachtung der »Kinder Israel«.

Die Frage nach dem Sinn des Blutopfers

Im wesentlichen habe ich bis jetzt die verschiedenen Aspekte des Fremdenhasses, wie er sich in seiner größten Fülle im Antisemitismus verkörpert, mit Hilfe von Projektionen zu erklären versucht. Aber als umfassende Erklärung versagt dieser Mechanismus der Projektion letztendlich. Er greift zu kurz. Er ist eine Hilfe auf dem Weg, aber er reicht nicht an das Tiefste. Die großen Fragen, die sich dabei stellen, stehen vor uns als gewaltige Rätsel: Warum ist der Fremde gefährlich? Wozu braucht es das Opfer? Warum die Lust am Opfer, besonders die Blutlust? Warum die Lust an der Selbstopferung? Sind dies einfach biologische Gegebenheiten, die psychologisch nicht weiter zu verstehen sind, also Urgrund, der allenfalls als evolutionär zweckmäßig erklärbar wäre?

Vielleicht kann eine Antwort darin liegen, daß das Blutopfer ein Umgehen mit der Aggression darstellt, und diese wäre selbst eine Antwort auf die traumatische Hilflosigkeit angesichts von Leiden, von Tod, von Trauer, von Ungerechtigkeit. Wir kennen das vom Einzelmenschen, wie die Aggression, zusammen mit der Sexualisierung, eine Urantwort auf die Überflutung mit traumaerzeugten Affekten darstellt. Zugleich wissen wir auch, wie diese Dreifalt von Affektregression, Aggression und Sexualisierung durch ganz gewaltige Schuld- und Schamgefühle zwar eingedämmt werden soll, doch in versteckter Weise weitergetragen wird. Der innere Richter, um diese von Kant gebrauchte Metapher für das Gewissen zu benutzen, bedient sich gleichsam des Hasses und der Verachtung gegen das eigene Selbst und tut dies mit Hilfe einer stark erotischen Note genüßlicher Selbstquälerei, um jenen inneren Stürmen Einhalt und Struktur zu verleihen – wie es von Dostojewskij bei Lisa vorexerziert wird.

Ist es denkbar, daß der Opferkult, sowohl das Menschenopfer wie die Selbstopferung, diese ursprüngliche und stark sexualisierte Aggression in rituell gebändigter Form ausdrückt? Mir scheint das ganze Opferwesen eine *Wendung nach außen dieser Macht des inneren Richters* zu sein – der Andere wird geopfert dem als grausamen und sexualisierten Richter oder der als verschlingenden großen Mutter erlebten Gottheit. Die Absolutheit der ursprünglichen, durch die Traumatisierungen entstandenen Affekte, die Absolutheit der gegen diese gerichteten Abwehrformen von Verleugnung und

20

Projektion, die Absolutheit von Gewissen und Idealen widerspiegeln sich alle in der Absolutheit von Religionen und Ideologien und der Notwendigkeit des Opferdienstes. Zugleich kehrt diese Absolutheit in der Sicht des Fremden, des Anderen wieder. Er ist nötig, um die eigene Schuld und, noch stärker, um die eigene Scham angesichts des unbarmherzigen inneren Richters zu übernehmen. Es bedarf des Fremden, des ebenso absolut ausgegrenzten, nicht zugehörigen Anderen, um als absolut schlecht, also schuldig, und als ebenso absolut schmutzig, defektiv und schwach, also mit Scham beladen, vor einem dazustehen. Seine Vernichtung beseitigt die eigene Schuld und die eigene Scham. Die Erfüllung solch archaischer Über-Ich-Forderungen bedeutet Schutz dagegen, von traumatogenen Gefühlen überwältigt zu werden. Oder in religiöser Ausdrucksweise: Die besänftigte Gottheit gewährt Schutz.

In allen Religionen finden wir Formen des Opferdienstes, und zumeist in dessen blutiger Form. Sie lassen sich in der biblischen Überlieferung als Weg vom Menschenopfer zum verweigerten Sohnesopfer, zur Beschneidung (»du bist mir ein Blutbräutigam«, »chatán-damím«, in Exodus 4,25), zum Tieropfer und bis hin zur Gebetsordnung und schließlich zur Selbstkasteiung und -opferung wiederfinden. Das Blut wird zur »Reinigung« benutzt. Dies erinnert an die Selbstentlastungsrituale durch das Schneiden und Fließenlassen des Blutes bei sich selbstverletzenden Patienten. Wie die anderen Rituale von Erbrechen und Abführmittelmißbrauch ist es dieses Selbstschneiden, das mittels des Blutvergießens und Blutverströmens vordringlich einer Läuterung von Schuld und Scham zu dienen hat.

Blut steht symbolisch in der Bibel für die Seele, für das Leben, doch auch, in der Menstruation, für Unreinheit und damit auch für Sexualität. Blut reinigt in Form des Sühneopfers oder in der symbolischen Kastration durch die Beschneidung. Blut ist damit heilig und gefährlich, rein und unrein, Leben und Tod. Ist es vielleicht gerade diese Vereinigung der Gegensätze, die es so sehr auch zum konkretgenommenen Symbol sowohl der Sünde und der Scham wie der Bestrafung durch das Über-Ich und der Entsühnung macht? Kurzum: Blut bedeutet damit zugleich Geburt und Tötung, Seele und Körper, Geist und Sexualität, Sünde und Sühne, und zutiefst die Einheit von Grausamkeit und Liebe, von Aggression und Sexualität, von Lust und Leiden. Es sollte dadurch die tiefe Spaltung des Daseins, die Selbstentfremdung des Menschen und damit auch das Exil Gottes von sich selbst in mystischer Weise überwinden. So stellt das Blutopfer aus der Selbstentzweiung wieder eine Einheit her, die mythisch-magische Überwindung vom inneren Konflikt. Aus der großartigen symbolischen Transzendenz der Geschiedenheit von Gut und Böse wurde jedoch hernach immer wieder eine verheerende Desymbolisierung in der grauenhaften Vernichtung des Anderen.

Symbolische Realität und der Zwang zur Konkretheit

So ist vieles in Religions- und Kulturgeschichte in diesem Spannungsfeld zwischen Symbolisierung und Regression zur Konkretheit, und damit zur Desymbolisierung, zu verstehen.

Die Einzigartigkeit des Menschen besteht in seiner Fähigkeit, Symbole zu erfinden, oder genauer gesagt, unablässig und unbewußt in symbolischen Prozessen aktiv zu sein und sich so eine ganze symbolische Welt aufzubauen, daß er gar nicht umhin kann, seine Erlebenswelt symbolisch zu strukturieren (Cassirer 1923a, b; 1929; 1944) – wenn wir so wollen, in einer Art kognitiv-biologischen Zwangs. Dabei ist es immer wieder die menschliche Neigung, diese Symbole absolut zu setzen und als konkrete und machtvolle Wesenheiten vor sich in die Außenwelt zu stellen und damit die eigenen Phantasien als mit der Wirklichkeit identisch anzusehen. Die Verliebtheit und die selbstzerstörerische, blinde Leidenschaft sind ein solches Überstülpen der Phantasie über die Bedürfnisse und Begrenzungen des Anderen und führen so leicht zur possessiv-eifersüchtigen Übergriffigkeit. Sie stehen im Gegensatz zur wirklichen Liebe.

In der Religion und der Mythologie wird dem Symbolischen eine ungeheure Wirklichkeitsmacht eingeräumt und das, was bedeutendste innere Realität ist, wird als Symbol außen gestaltet und dann zum zaubermächtigen Bild und zur Donnerstimme verwandelt.

Die Folgen des Konkretnehmens von Symbolen sind gewaltig und kaum zu vermeiden, nämlich wenn dem magisch-mythischen

Denken der Vorrang eingeräumt und, wie wir eben sahen, die Kategorien von Freund und Feind, von Zugehörigkeit zur eigenen oder fremden Identität, den Personen aufgezwungen werden und man blind wird für deren Eigenwert und Selbstzweck. Kommt dann noch das Ressentiment dazu, ein ätzendes Gefühl erlittenen Unrechts, haben wir die ideologischen Massenkatastrophen.

Am Ende wird der durch das kategoriale Denken gestempelte andere und fremde Mensch zum Träger all dessen, was wir als böse, schmutzig oder sonstwie als gefährlich in uns selbst unterdrücken. Er wird zum Teufel. Als Inbegriff des Bösen erhebt sich die traumatische Macht der Verdinglichung, der Objektifizierung des Anderen, und damit dessen Verachtung und Beschämung. Sie findet ihre Extremverwirklichung im Holokaust.

Mit dem Gefühl der Seelenblindheit geht eine allgemeine Atmosphäre der Entmenschlichung der Beziehungen im allgemeinen, der Sexualität im besonderen einher. Perversion ist ja dehumanisierte Sexualität und sexualisierte Dehumanisierung. Bei manchen, besonders bei Intellektuellen, beobachten wir eine Faszination durch alles, was mit dem Tod zu tun hat. Dieses Fasziniertsein von dem Toten entspricht einer Verherrlichung der Verdinglichung der menschlichen Beziehung durch deren ästhetische und sexuelle Umformung und Distanzierung. Diese Distanzschaffung durch Ästhetisierung ist nicht nur Abwehr von Todes- und Kastrationsangst durch Verleugnung, sondern der ganzen als traumatisch erlebten Realität, insbesondere die Nichtanerkennung des eigenen Schmerzes und der Liebessehnsucht durch den Anderen.

Ich möchte dieses weite Thema vertiefen, das sich bei allen schweren Neurosen immer wieder als eine wichtige Dimension des Innenlebens und des Handelns erweist, eine Dimension aber auch, die kulturell, geschichtlich, gesellschaftlich und religiös die allergrößten Folgen hat. Es gibt eben nicht nur die perverse Haltung des Einzelnen gegenüber der äußeren Realität, sondern auch die perverse Haltung der Realität gegenüber dem Einzelnen. Was meine ich damit?

Wir kennen alle die wunderbare alttestamentarische Erzählung vom Turmbau zu Babel in der Genesis (Kap. 11). Nun gibt es dazu einen Midrasch, also eine erzählerische Ausdeutung: Stürzte ein Mensch in die Tiefe und starb, wurde das überhaupt nicht beachtet.

Entglitt aber den Turmbauern ein Backstein, hielten die Bauleute die Arbeit inne, und es gab große Klage und Vorwürfe: »Wehe uns! Wann wird ein anderer uns an seiner Stelle gebracht?« (Pirqei de Rabbi Eliezer, 24; zit. in Bialik u. Ravnitzky, S. 29). Die Sache, das Ding war das Wichtige, nicht der Mensch. Nur was nützte, galt als wahr. Auch in der weiteren Geschichte vom Turmbau ist es klar, daß die Technologie darin nicht mehr nur Mittel zum Zweck war, sondern zum Zweck selbst wurde. Genauer heißt es dann: »Wohlan denn, wir wollen uns nun eine Stadt und einen Turm bauen, und seine Spitze wird im Himmel sein, und damit schaffen wir uns einen Namen [d. h., wir geben uns eine Identität], damit wir nicht über das Antlitz der Erde zerstreut werden.«

Der Midrasch bezieht sich also direkt auf die perverse Haltung der gesellschaftlichen Realität dem Einzelnen gegenüber in Form von Dehumanisierung: Es ist die *Dominanz des Ich-Es-Bezugs*, wo es um Mitmenschliches, also um das Ich-Du im Buberschen Sinn gehen sollte – in dem Ausdruck von Rainer Kaus: »das Leiden . . . an der Beziehungslosigkeit einer bloßen Es-Beziehung, . . . [das] Leiden daran, daß bloß Es ist, wo Du sein sollte« (Kaus 2001). Wir erkennen in uns selbst eine Form davon, nämlich wenn wir die Kategorie, zu der ein Mensch gehört, sei es Klasse, Nation, Religion, Rasse oder Geschlecht, mehr und mehr der Person als das Wesentliche überstülpen und sie ihres Eigenwerts berauben. Übrigens betrifft ein Teil dieser Verdinglichung auch das Tier; denken wir nur an die Massenvernichtung, deren Zeugen wir jetzt sind. Das Tier ist kein Ding. Wir finden ein besonders einfühlsames Zeugnis für die nicht verdinglichende Einstellung dem Tier gegenüber darin, wenn Prinz Myschkin in Dostojewskijs »Idiot« seine tiefe Rührung angesichts eines Esels, wie er aus seinem epileptischen Dämmerzustand erwacht, so ausdrückt: »Der Esel ist edler und nützlicher Mensch.«

Das absolutistische, totalitäre Denken und der Hintergrund des Ressentiments

Ich kehre zum Anfang und damit zu Dostojewskij zurück.

Das hauptsächliche Gefühl, das Dostojewskijs Werk wie ein Kontrapunkt begleitet, der Kernaffekt, ist das *Ressentiment*, und zwar ein Ungerechtigkeitsgefühl, das vor allem in einem Gefühl der Scham, der Entwürdigung wurzelt, ein Ressentiment zugleich mit den diesem Affekt innewohnenden Aggressionen, und das oft, doch nicht bei allen, zu einem durchdringenden Schuldgefühl führt. Dieses Grundthema beherrscht sein Schaffen, wie wir dies meines Wissens sonst bei keinem anderen Autor mit solcher Prägnanz und solcher subtiler psychologischer Analyse untersuchen können.

Wie ein roter Faden zieht sich durch das ganze Werk Dostojewskijs das Thema der Mißhandlung der Kinder als Hintergrund zu diesem tiefen Ressentiment.

Eine Linie in der inneren Entwicklung ist demnach: *Traumatisierung → globale, miteinander in Konflikt stehende Affekte und Zusammenbruch der Affektregulation → Scham → Neid, Ressentiment und Rache → globale Schuldhaftigkeit.*

Parallel dazu können wir eine zweite Entwicklungslinie konstruieren: *totale traumatische Hilflosigkeit und Angst → Allmacht der Verantwortlichkeit → überwältigendes Gefühl der Schuldhaftigkeit → gewalttätige Aggression gegen das eigene Selbst und gegen die anderen.*

Das Resultat jener Schuldübernahme, als Allschuldhaftigkeit und Allmacht der Verantwortung, die zugleich der völligen traumatischen Hilflosigkeit entgegengestellt wird, mag wirksam das Ressentiment entkräften, doch schafft sie, durch die daraus folgende masochistische Einstellung und die dargestellte Verleugnung, eine immer wieder neue Bereitschaft, den traumatischen Zustand zu wiederholen. Der Zirkel ist geschlossen.

Es ist aber diese Mischung, die nicht nur bei Lisa, und indirekt bei Dostojewskij selbst, einem blutrünstigen Antisemitismus zugrunde liegt, sondern auch in anderen manifestationen von Rassenhaß wiederzufinden ist.

Die geschilderte Absolutheit der Forderung geht durch alle totalitären Systeme, handle es sich nun um Familie, um Religion oder um einen Staat. Eine Patientin berichtet von ihrem Nazivater und ihrer Kindheit: »Alles mußte unter Kontrolle sein, alles war absolut reglementiert, es gab keine Freiheit.« Das absolutistische, totalitäre Denken mit seinem Konkretnehmen des Symbolischen ist die *kognitive Regression*; die vorher beschriebene Achse bei Dostojewskij von Traumatisierung vor allem durch seelenblinde Erniedrigung und Beschämung, Neid, Ressentiment und Rache ist die *emotionale Regression*, die hinter dem Phänomen des ideologischen Absolutismus steht. Es gibt milde Formen, es gibt hoch maligne Formen. Doch kommen die letzteren erst zum Ausbruch und erreichen ihre volle Virulenz, wenn Familie, größere Gemeinschaft oder Staat diese Züge teilen – von Clangewalt bis zur staatlichen Diktatur. Das Ressentiment richtet sich gegen jede Autorität, auch die Autorität der Vernunft und Ordnung. Arthur Miller beschreibt es in Zusammenhang mit der von ihm beobachteten Gewalttätigkeit der Jugendlichenbanden in Brooklyn: »Sie gewannen ein perverses Gefühl der Würde gerade von der Zwecklosigkeit ihrer Kriege, vom tapferen Umstürzen der gesellschaftlichen Wertskalen von Verlust und Gewinn. Die Logik ihres Geistes war die innere Irrationalität.«[8] Dies ist die *souveräne Logik des Ressentiments*.

Diktatoriale Systeme mit ihrem Machtmißbrauch, ihrer Herrschaft der Lüge und ihrer Korruption brauchen unweigerlich die Verfolgung eines Feindes, auf den sich das angesammelte Ressentiment des Volks stürzen kann. Wo immer es Diktatur im weiten Sinn gibt, braucht sie den verhaßten Fremden, seien es die Hexenjagden, sei es auch der »blutlose Faschismus«, wie Arthur Miller die Hysterie in den fünfziger Jahren in den USA nannte, seien es die totalitären Systeme des 20. Jahrhunderts und der Gegenwart. Dann verbündet sich das autoritäre Gewissen des Einzelnen mit der totalitären Familienatmosphäre und liefert dem totalitären Staat oder dem korrupten System die Gelegenheit, die Verfolgung in die Tat umzusetzen.

Daran schließt sich das Verschließen der Augen, die künstliche Dummheit durch pauschale Verleugnungen – wie es ein ehemaliger Soldat in der Wehrmacht ausdrückte (in den Worten einer Patientin): »Ich kann es nicht gewußt haben. Ich bin so dumm gemacht worden. Wieso habe ich es nicht durchschaut?« Das, was wirklich war, durfte nicht ausgesprochen werden. So sei es auch in der Kirche gewesen. Jede kritische Frage sei mit dem Rohrstock ausgetrieben, jedes Stückchen Rebellion in der Schule im Keim erstickt worden. »Man darf keine Fragen stellen.«

Was ist deren Gegenteil? »Es gibt keine dummen Fragen!« Es ist die Kindeserziehung, die nicht auf einem totalitären Gewissen oder einer absolutistischen Religion aufgebaut ist; es ist eine Gemeinschaft, in der es nicht zur massiven Demütigung des Kindes, der Frau, des Armen oder des Außenseiters kommt; es ist ein Staat, in dem das Rechtswesen einigermaßen funktioniert und der Rechtsgedanke über der Willkür der Machthaber steht, das heißt, wo jede Macht durch eine Gegenmacht unter dem Schutz einer Konstitution ausbalanciert wird, eine politische Gemeinschaft, in der alle Machthaber abrufbar, wegwählbar und von einer unabhängigen Gerichtsbarkeit zur Verantwortung gezogen werden können. Nur so kann der Gewalt von Fremdenhaß, Antisemitismus und Intoleranz wirksam entgegengetreten werden; nur so, nämlich in einer voll funktionierenden Demokratie, kann es zum allgemeinen Respekt für die Menschenrechte kommen. Macht sei im Grund ein Idiot, der um jeden Preis mit einem Netz von Regeln gebändigt werden müsse, die so grundlegend und klar sind, daß sogar er sie lernen könne, ehe er in einem seiner Tobsuchtsanfälle das Haus einreiße, schreibt Arthur Miller.[9] Meyrav Wurmser sagt sehr schön: »Das ›Narrativ‹ des Westens ist sehr klar: Große Gesellschaften wachsen empor und blühen nur unter Bedingungen der Freiheit. Sie verwelken und sterben ab, wenn die öffentliche Diskussion korrumpiert wird und wenn unter den Tugenden an Stelle der Ehrlichkeit die Phantasie tritt.«[10]

Ich möchte nun die Gegenwelt dazu öffnen – nicht etwa eine Gegenwelt zu den anderen Religionen, besonders auch nicht zum Christentum, sondern die Gegenwelt zum Judenhaß und allgemeiner zum Menschenhaß und überhaupt zum totalitären Denken und Ressentiment.

Dies gilt für einen überaus wichtigen Passus aus der Mischna, die die absolute Einzigartigkeit des Menschen, des Einzelnen betont und, wie viele andere Stellen, die unverletzbare Würde des Individuums ausdrückt.[11] Aber sie denkt auch an das Potential des Einzelnen: Er schafft selbst eine neue Welt in seinen Nachkommen. Sie ist eine Rede, die jedem Zeugen in Prozessen um Kapitalverbrechen zum Bedenken gegeben wurde, um ihm die Einzigartigkeit jedes

Lebens einzuschärfen und in ihm die Ehrfurcht vor jedem einzelnen Menschenleben bewußt zu erhalten: »Wir finden nämlich im Falle Kains, der seinen Bruder tötete, daß es geschrieben steht: ›das Geblüt deines Bruders[12] schreit zu mir‹: es heißt nicht, das Blut (im Singular) deines Bruders, sondern das Geblüt (im Plural) deines Bruders, das heißt, sein Blut und das Blut seiner [potentiellen] Nachkommen. Daher ist der Mensch als einzelner erschaffen worden, um dich zu lehren, daß, wer eine einzige Seele vernichtet, es ihm von der Schrift angerechnet wird, als ob er eine ganze Welt vernichtet hätte, und wer ein einziges Leben gerettet hat, die Schrift es ihm anrechnet, als ob er eine ganze Welt gerettet hätte. ... Wenn ein Mensch viele Münzen aus einer Form prägt, sind sie sich alle sehr ähnlich. Der König, der König der Könige, der Heilige, prägt jeden Menschen in der Form des ersten Menschen, und doch ist kein einziger von ihnen seinem Nächsten gleich. Daher ist jeder einzelne verpflichtet zu sagen: Um meinetwegen ist die Welt erschaffen worden« (Mischna Sanhedrin, 4.5; Sanhedrin, Talmud Bavli, 37a).

Wenn wir uns nun diesem unserem Hauptthema zuwenden, erinnere ich an das schöne Wort von Conrad Ferdinand Meyer: »Ich bin kein ausgeklügelt Buch, ich bin ein Mensch mit seinem Widerspruch.« Und es sind gerade diese inneren Widersprüche, die uns zu einem tieferen Verstehen der Konflikte und durch diese hindurch zu einer Erfassung der Komplexität von Gegensätzen verhelfen.

Ich schließe das erste Kapitel mit dem wunderbaren Wort des chassidischen Meisters vom Anfang des 19. Jahrhunderts, R. Nachman von Bratzlav, das sowohl die existentielle Bedrohung des Menschen, äußerlich wie innerlich, als auch die Aufforderung zum Mut, dennoch weiterzumachen, ausdrückt: »Die ganze Welt ist eine sehr schmale Brücke. Die Hauptsache ist es, gar keine Angst zu haben«.[13]

II

Konflikt und Komplementarität

Klinische Erfahrung lehrt uns, daß die Herausstellung von innerem Konflikt in der Therapie zumeist eine radikale Wirkung ausübt – eine Beobachtung, die ich gern in diese Worte fasse: »Man kann fast alles sagen, wenn man es als inneren Konflikt formuliert, ohne daß es vom Patienten als kränkend und damit als empörend oder zerstörerisch erlebt würde.« So viel von dem, was wir klinischen Takt und Empathie nennen, besteht gerade darin: den richtigen, gewöhnlich vorbewußten Konflikt anzusprechen, die gegensätzlichen Seiten im Inneren des Anderen oder allgemeiner: in uns überhaupt. Gewöhnlich fühlt sich der Patient damit verstanden. Ausnahmen sind stark paranoid reagierende Patienten, für die schon die Feststellung und Hinstellung von innerem Konflikt eine so überwältigende Beschämung bedeutet, daß sie davor mit Panik zurückweichen und dann in Zorn, Verachtung und Angriff übergehen.

Dabei muß es sich nicht einfach bei einer Gegenüberstellung solcher Gegensätze in Gestalt von sich widerstreitenden Kräften und Werten, um *Konflikte* handeln, sondern ein tieferes Verstehen führt zur Einsicht in deren *Komplementarität*: statt eines Entweder-Oder kommt es zum Sowohl-als-Auch, als gegenseitige, fein kalibrierte Ergänzung.

Nun können wir uns fragen, ob ein solcher Zugang nicht auch auf weite gesellschaftlich-kulturelle Bereiche anwendbar wäre: Wenn das, was von der Parteien Gunst und Haß umwittert erscheint, nicht mit moralisierender und belehrender Absicht entweder verurteilend oder verteidigend angegangen wird, sondern in der Erwartung, daß es auch aus innerem Konflikt und innerer Komplementarität heraus zu erfassen wäre – könnte es nicht sein, daß diese Zugangsweise ebenfalls weniger die Emotionen aufwühlte, weniger zu haßvoller Verurteilung oder zurückschreckender Ignoranz führen, also weniger »Widerstand« aufwirbeln würde?

Dies habe ich in bezug auf das Judentum versucht, bereits in mehreren Ansätzen. Das Ergebnis hat eigentlich meine Erwartungen nicht immer erfüllt. Bei der Vorstellung des Materials gab es entweder sehr negative Reaktionen, vielfach auch schwere Angriffe auf das Judentum, oder es herrschte das Gefühl vor, von dem Material überwältigt worden zu sein, es nicht fassen, nicht verstehen zu können, da es so völlig fremdartig sei.

Vielleicht entspricht das, was ich zu unternehmen versucht habe, einer Art wilder Psychoanalyse: wo dem nicht darauf vorbereiteten Patienten tiefe Einsichten entgegen geschleudert werden, die er entweder mit Angst oder Haß und sicher mit Unverständnis zurückweisen muß. Natürlich spielt bei beiden, dem Individuum wie dem Kollektiv, die Vergangenheit entscheidend mit. Aber ich nehme grundsätzlich den guten Willen und die Bereitschaft zuzuhören im voraus an. So liegt das Problem tiefer.

So weit reicht meine Erkenntnis bis heute. Ich versuche nun, mit rückhaltloser Offenheit, diese Gegensätze, so weit ich sie zu erkennen vermag, herauszuarbeiten.

Die Konfliktproblematik am Ausgang: Wahrhaftigkeit gegen Treue

Die Aufgabe war mühsamer und schwieriger als fast alle anderen, die ich mir gestellt habe. Vor allem formt die emotionale und intellektuelle Bearbeitung des Holokaust als bestimmendes Trauma meines Lebens den Hintergrund zu allem, was in mir geschieht, zu allem, was ich denke, was ich fühle, was ich schaffe – kurzum, zu allem, was ich bin. Damit ist es ein Thema, das mich zwar nie losläßt, aber eines, zu dem ich immer wieder innere Distanz zu schaffen genötigt bin. Das gilt besonders auch für dessen Darstellung, in welcher Form auch immer. Ständige Erinnerung daran ist eine tiefe, ja umgreifende Pflicht gegenüber den Getöteten und gegenüber der vernichteten Geisteswelt. Das *Jizkor*, das Gebet des Gedenkens, erfüllt ein ganz wichtiges Gebot und nimmt eine zen-

trale Stelle im Gebetszyklus ein. Doch zugleich bedarf die Traumatisierung der Distanzierung, damit sie nicht zum Wiederholungs-
zwang, zur selbstquälerischen und damit auch selbst wieder zu einer
aggressiven Weise des Bewältigungsversuchs wird. Wie wir vom
Klinischen her sehr wohl wissen, steckt ja sehr viel verhüllte, verdrängte, verschobene Aggression in dieser unerledigten Verarbeitung von Traumatisierung überhaupt[14] – um wieviel mehr, wenn
diese so gewaltig, so umfassend, auch so erniedrigend ist, wie es
beim Versuch der totalen Entmenschlichung und Ausrottung eines
ganzen wehrlosen Volks geschah: »Der Zorn der Überlebenden, der
zur Angst des Lebens wird« (Cordelia Edvardson 1998). Ich selbst
schützte mich lebenslang gegen die innewohnende, gegen das eigene Selbst wie nach außen gerichtete Aggression einerseits durch
jene bewußte Distanzierung, andererseits durch die Herausarbeitung des Positiven, durch das Studium des Schöpferischen, das in
jener Geisteswelt, die zum Tode verurteilt worden war, zu vielen
Zeiten und über die Erde hin geblüht hatte. Auch war ich mir immer
stark dessen bewußt, wie sehr dies vor allem eine Abwehr gegen
überwältigende Trauer war und ist (s. das hervorragende Werk von
Ernestine Schlant: »The Language of Silence«, 1999).

Das erstere Verhalten bedeutete ganz konkret den Selbstschutz
gegen die unverarbeitete Emotionalität des Haupttraumas durch eine der hauptsächlichen Aufgaben menschlicher Entwicklung überhaupt: die allmähliche *Verwandlung von Präsentation zur Repräsentation*, von direktem sinnlichen Erleben zur mehr und mehr symbolischen Erfahrung.[15]

Handelt es sich um die Kunst des Wortes, ist es das, was in der
griechischen Tragödie als *Teichomythia* bezeichnet wurde. Im Gegensatz zum heutigen Film wird es dabei vermieden, unvermittelte
Triebvorgänge, vor allem aggressiver oder sexueller Natur, direkt
auf die Bühne zu bringen. Statt dessen werden sie erzählt: Das Wort
»Teichomythia« bedeutet eigentlich »Erzählung von der Mauer
aus« und bezieht sich auf Homers Schlachtschilderungen. Ich habe
mich entschlossen, mich ganz diesem Bewältigungsaspekt, dem der
Herausarbeitung und der Würdigung der verfemten und verdamm-
ten Geisteswelt zu widmen – fast unnötig zu sagen, daß ich dies
einen großen Teil meines Lebens getan habe, sehe ich doch die
Psychoanalyse in ihrem Ursprung sehr wohl auch als Teil dieser

Geisteswelt. »Es gibt nichts, das mehr ganz ist, als ein gebrochenes jüdisches Herz«, sagte der chassidische Zaddik Menachem Mendel von Kotsk (Abba Kovner, zit. n. I. Schorsch, 25.7.1998).

Doch bringt mich dies zum zweiten Grund, warum ich diese Vorbereitung so schwierig fand. Das Judentum ist eine Religion – nicht nur, aber doch ganz wesentlich dies, und zwar eine Religion, die es immer als ihre Hauptbotschaft verstand, die Existenz, Geschichtsbestimmung und ethische Bedeutung des persönlichen Gottes, eines *Gottes als Einzigem, als Einzelnem, als Person*, zu verkünden. Dabei ist es zwar sehr wohl ersichtlich, zu welchem Ausmaß das Judentum eben nicht nur eine Religion, nicht nur eine Nation ist, sondern, wie es Mordecai Kaplan betont hat, eine alte, bedeutsame Zivilisation, mit ihrer Poesie, ihrer Ethik, ihrer Musik und auch ihrer stark dem Konfliktdenken verpflichteten Psychologie. Aber um jene Botschaft des *ethischen Monotheismus* kommt man nicht herum. Obwohl dem Glauben im Judentum eine weniger wichtige Rolle, im Vergleich zum Christentum, als der Bedeutung des Handelns zugemessen wird, geht es nicht ohne ihn. *Emunáh –* Glauben bedeutet eigentlich Trauen, Treue, ja Loyalität. Das Grundwort dazu ist »Amen«; es heißt »sicher«.

Was jenes Handeln angeht, gibt es eine schöne Auslegung. Als Moses dem Volk die Lehre verkündigte, war dessen Antwort: »(Alles, was Gott gesprochen hat,) *wollen wir tun und wir wollen hören* – (kol aschér-dibbér JHWH *na'assé wenischmá*!« (Exodus 24,7). Das Tun kommt zuerst. Das Hören ist Verinnerlichen.

Doch wie kann ein moderner Mensch, ein wissenschaftlich und philosophisch denkender, psychoanalytisch arbeitender und fragender Mensch mit dieser Doppelforderung von Tun und Glauben zurechtkommen, ohne massive Verleugnung, ohne Selbsttäuschung, ja Heuchelei zu benützen? Ja, noch mehr: Wie kann man an einen gerechten, gütigen, und dazu noch allmächtigen Gott glauben, nach all dem unfaßbaren Grauen, ohne daß es zur Spaltung im psychoanalytischen Sinn, nämlich als Nebeneinander von Annahme und Verleugnung käme? (Wir erinnern uns an den konfliktbrisanten Protest von Hiob, an manche Aussagen über die Ungerechtigkeit des Schicksals[16] und Iwan Karamasow.) Wie macht die Beobachtung eines Gesetzes von 613 Einzelgeboten (Mitzwót) Sinn gegen diesen Hintergrund von Wissen, Denken und Erfahrung, wiederum ohne eine derartige Spaltung? Wie kann dabei die Bedeutung des Gebets aufrechterhalten werden, ohne daß es zum magischen Denken käme und wiederum zu jener Spaltung in zwei Universen von Allmacht – Ohnmacht und von Realitätserfassung und -meisterung führte? Ist es nicht wohl so, wie Yerushalmi in seinem Buch »Freud's Moses«, sagt, daß »Psychoanalyse ein gottloses Judentum sei« (1991, S. 99)? Trifft auf uns nicht zu, was er aus einem New Yorker Witz über den säkularen Juden zitiert: »Es gibt nur einen Gott, und an ihn glauben wir nicht – There is only one God – and we don't believe in him!« (S. 55)?

Andererseits käme der Verlust dieser Wertewelt, die Absage an diese Kultur, das Verlassen dieser Tradition, ja die Verleugnung dieser Identität nichts weniger als einer Bestätigung eben jenes Todesurteils gleich. Es wäre ein Verrat an denen, die vor uns kamen, an denen, die dafür starben, an dem, wofür sie getötet wurden, und so wäre es zuinnerlichst ein Selbstverrat. Aber dasselbe gälte für das Aufgeben des kritischen Denkens und Wissens. Wie können wir diesen Konflikt zwischen Loyalität und Wahrheit versöhnen, sowohl ohne Verrat wie ohne Lüge? Ich versuche es.

Religion ist Ehrfurcht: »Bei der Ehrfurcht, die der Mensch in sich walten läßt, kann er, indem er Ehre gibt, seine Ehre behalten, er ist nicht mit sich selbst veruneint« (wie es bei der Furcht der Fall ist), sagt Goethe in »Wilhelm Meisters Wanderjahren« (2. Buch, 1. Kap., S. 143). Aus der Ehrfurcht vor dem, was über uns ist, vor dem, was uns gleich ist, und vor dem, was unter uns ist, entspringe die Ehrfurcht vor uns selbst: daß der Mensch »sich selbst für das Beste halten darf, was Gott und Natur hervorgebracht haben« (S. 144). Im Hebräischen wird für Religion das persische Lehnwort »Dat« gebraucht, das ursprünglich Ordnung, Gesetz bedeutet.

Wenn ich Gott nicht als konkrete äußere Macht, eben als ein Wesen der Präsentierung, auffasse, sondern *als Symbol für mehrere konvergierende Wirklichkeiten*, wird es uns vielleicht möglich, uns einen Sinn aus der *Gottesvorstellung* zu machen, der nicht zu jener Spaltung führt. Ganz speziell meine ich vier Wirklichkeiten, die dadurch bedeutet werden:

1. die Einheit und mysteriöse *Gesetzlichkeit des Seins überhaupt*, im kleinen auch dessen, was wir als Natur erleben, aber ebenso

den Kosmos als Ganzes bedeutend, und das Gebot unserer tiefen Ehrfurcht davor;

2. das *ethische Bewußtsein, die Verantwortlichkeit und die führenden Ideale*, also das, was wir psychoanalytisch als Über-Ich kennen, und unsere Ehrfurcht vor diesen inneren Verpflichtungen und Idealen;

3. das *kollektive ethische Bewußtsein einer Gemeinschaft*, als Gesetzlichkeit und institutionelle Gerechtigkeit, als Verfassung, als Justiz, als Vergeistigung, und das Gebot der Ehrfurcht davor; und

4. die *geschichtsumspannende Identität einer Gemeinschaft*, eines Volkes und der Menschheit überhaupt, und die Ehrfurcht vor dieser Zugehörigkeit.

So wirkt der Gottesbegriff als machtvolles Symbol, das sowohl die höchsten Werte und das Gewissen von Individuum und Gemeinschaft wie auch die tiefe Einheit und Gesetzmäßigkeit (Nicht-Willkürlichkeit) des Seins repräsentiert – »die leise, schwache Stimme (qol demamá daqqá)« im Erleben des Elija (1. Könige 19,12) wie »des Herrn sind die Säulen der Erde, und er hat den Erdkreis darauf gestellt« im Lied der Hanna (1. Samuel 2,8), wobei diese Säulen zugleich auch als Anspielung auf die Gerechten, die Tzaddiqím, genommen werden (Sanhedrín 26b). Überdies und allgemeiner verleiht die Religion dem Einzelnen wie der Gemeinschaft eine beständige Identität, die wiederum durch die göttlichen Attribute symbolisiert wird (z. B. des »Felses der Zeiten«).

Ich glaube, es ist aber mehr als die Haltung und das Gefühl der Ehrfurcht; innig damit verbunden ist die Dankbarkeit, als Einstellung, für alles Kleine und Große, für alles Gute, ja für das Schicksal. Sie spiegelt sich in den Segnungsformeln, die das Leben des religiösen Juden begleiten und versuchen, etwas ganz Tiefes auszudrücken.

Doch ist es auch das Grauen vor den Tiefen, der Aufstand gegen das Schreckensvolle, der Jammer über das Leid – Hiobs Aufschrei.

Es gibt ein machtvolles Wort in Sifrei, einem außertalmudischen Kommentar zum 4. und 5. Buch Moses: »Es steht geschrieben: ›Ihr seid meine Zeugen, und ich bin Gott.‹ Das heißt: ›Solange ihr für mich zeugt, bin ich Gott; aber hört ihr auf, für mich zu zeugen, bin ich nicht mehr Gott‹« (Sifre Deut. 346; zit. n. Finkelstein 1936/1990,

S. 213). Es ist ein Wort auch der tiefen Reziprozität, der Gegenseitigkeit von Gott und Einzelmensch, vom Göttlichen und der Menschheit.

Es gibt ein schönes Wort mit ähnlichem Sinn im Zohar, dem heiligen Buch der jüdischen Mystik. Es geht aus vom Satz in Levitikus 26,3: »Wenn ihr in meinen Satzungen wandelt und wenn ihr meine Pflichten beobachtet und sie ausführt (schafft: wa'assitém otám)« und fragt dann: »warum ›macht‹?« Darauf wird geantwortet: »Wer die Befehle der Thora erfüllt (schafft: avíd) und in meinen Wegen wandelt, von ihm könnte man sagen, es sei, als ob er den erschüfe, der in der Höhe ist. Es sagte der Heilige, gepriesen sei er: Es ist, als ob er mich geschaffen und zum Dasein gebracht hätte, und deswegen heißt es: ›wenn ihr sie schafft‹« (Zohar, zu Levitikus, Bechuqotáj 113b; Übers. Bd. 5, S. 153; modif.; s. a. Drob, S. 39).[17]

Kant führt in der »Metaphysik der Sitten« aus: »Das Bewußtsein eines *inneren Gerichtshofes* im Menschen (›vor welchem sich seine Gedanken einander verklagen oder entschuldigen‹) ist das *Gewissen.* Jeder Mensch hat Gewissen und findet sich durch einen inneren Richter beobachtet, bedroht und überhaupt im Respekt (mit Furcht verbundener Achtung) gehalten, und diese über die Gesetze in ihm wachende Gewalt ist nicht etwas, was er sich selbst (willkürlich) *macht,* sondern es ist seinem Wesen einverleibt. Es folgt ihm wie sein Schatten, wenn er zu entfliehen gedenkt. Er kann sich zwar durch Lüste und Zerstreuungen betäuben, oder in Schlaf bringen, aber nicht vermeiden, dann und wann zu sich selbst zu kommen, oder zu erwachen, wo er alsbald die furchtbare Stimme desselben vernimmt. Er kann es, in seiner äußersten Verworfenheit, allenfalls dahin bringen, sich daran gar nicht mehr zu kehren, aber sie zu *hören* kann er doch nicht vermeiden« (2. Teil, § 13, A 100). Kant spricht deshalb von der »zwiefachen Persönlichkeit«, vom »doppelten Selbst, einerseits vor den Schranken eines Gerichtshofes, der doch ihm selbst anvertraut ist, zitternd stehen zu müssen, andererseits aber das Richteramt aus angeborener Autorität selbst in Händen zu haben« (A 101; Bd. 7, S. 573 f.). Dieser innere Richter müsse sowohl ein »Herzenskündiger« wie auch »allverpflichtend«, nämlich als Repräsentant Gottes gelten. Nach dieser Analogie mit einem Gesetzgeber solle man sich »die Gewissenhaftigkeit (welche auch *religio* genannt wird) als Verantwortlichkeit vor einem von uns selbst unterschiedenen, aber uns doch innigst gegenwärtigen heiligen Wesen (der moralisch-gesetzgebenden Vernunft)« vorstellen, und er fügt bei: »Der Begriff von der Religion überhaupt ist hier dem Menschen bloß ›ein Prinzip der Beurteilung aller seiner Pflichten als göttlicher Gebote‹« (A 103; S. 575), und: »so wird das Gewissen als subjektives Prinzip einer vor Gott seiner Taten wegen zu leistenden Verantwortung gedacht werden müssen.« Dabei sei der Mensch durch das Gewissen nicht »verbunden, ein solches höchste Wesen außer sich als *wirklich anzunehmen*; denn sie [die Idee] wird ihm nicht objektiv, durch theoretische, sondern bloß *subjektiv*, durch praktische sich selbst verpflichtende Vernunft, ihr angemessen zu handeln, gegeben« (A 103–103; S. 574 f.).

Als Psychoanalytiker sind wir uns aber dessen bewußt, daß auch eine solche Darstellung von Religion noch einseitig ist: Religion jeder Art, auch in einer solchen modernen Formulierung, wie ich sie eben von einer uns gemäßeren Gottesvorstellung gegeben habe, ist nicht nur Ehrfurcht, sondern lebt aus dem tiefen Konflikt zwischen solcher Ehrfurcht und dessen Gegenpolen, den leidenschaftlichen Trieben und Affekten, die in den Wertgegensätzen ins Spiel kommen. So heißt es in Talmudtraktat Shabbat 89 a/b auf die Frage nach der wirklichen Bedeutung des Namens »Sinai«, er habe nicht nur mit Heiligung, mit Geboten und mit Fruchtbarkeit, sondern auch mit Sin'ah, Haß zu tun, mit Feindseligkeit nämlich gegen Götzendienst (dies ist Exegetik, nicht wirkliche Etymologie). Daher ist immer auch eine Gegenwelt damit gemeint: Ehrfurcht für das Geistige, doch zugleich Leidenschaft, Sinnlichkeit, Triebwelt als Bedrohliches wie zugleich als Unerläßliches, beide als Teile der Religion, beide in unaufhebbarer Spannung und oft unversöhnbarer Gegensätzlichkeit, beide indes letztlich auch als umgreifende Komplementarität.

Ich erinnere auch an den häufigen Gedanken: »Ich bin ein eifersüchtiger Gott, der keine anderen Götter neben sich duldet.« Die absolute Ausschließlichkeit und die eifersüchtige Besitzwahrung ist eine hier ins Göttliche projizierte Charakterhaltung, die wir als Leidenschaft nur zu gut aus dem Individuellen kennen.

Gerade im Judentum bestehen vielfältige Spannungen zwischen den *mythischen* Grundvorstellungen und den ihnen oft schroff entgegengesetzten *ethisch-religiösen* Umdeutungen. Ich werde darauf zurückkommen.

Darüber hinaus besteht indes auch Spannung bis hin zur Unversöhnlichkeit zwischen jenen vier von mir eben als konvergent hingestellten Gotteskonzepten. Gott als symbolischer Inbegriff der Gesetzlichkeit des Seins, miteinbeschlossen der Natur, steht geschichtlich in schärfstem Konflikt mit dem Gott des ethischen Monotheismus. In anderen Worten: Gott als »Hen kai Pan« (»Eines und Alles«, »Eines als Alles«) ist spät-ägyptisch und spät-griechisch-römisch, Gott als ethisch gebietend und geschichtlich identitätsstiftend, in meinen Worten als Symbol für individuelles und kollektives Gewissen, ist JHWH (s. Assmann 1997). Die Kluft zwischen beiden ist unüberbrückbar.

Auch können die individuellen Gewissenswerte und -pflichten scharf mit denen der Gemeinschaft kollidieren. Dieser Konflikt kommt sehr zum Austrag zwischen den biblischen Propheten und den Trägern des Staats, den Königen, der Priesterschaft, den Reichen und Mächtigen. Er konstelliert sich auch zwischen Jesus als Verkünder der Endzeit und der ethischen und asketischen Vorbereitung darauf und der mit den Römern verbundenen, korrupten Staatsmacht, zwischen Jesu Bruder Jakob und dem Herodianer Paulus.

Es gibt eine weitere, sehr wichtige Spannung: Die Gottesvorstellung selbst, und damit die vertretene Ethik, umfaßt eine gewaltige Spannweite. Wir finden das auch im Christentum – neben Ausdrücken der Nächstenliebe gibt es solche der Gewalt, der Rache, des Fanatismus, des Hasses und der Verachtung. Dasselbe ist wahr für das Judentum. Wir haben es bei allen Religionen um ganze Geisteswelten zu tun, bei denen die inneren Spannungen enorm sind, die inneren Gegensätze oft schockierend, für unsere moderne Sensibilität auch abstoßend.

Bei einem solchen Verstehen der Religion stoßen wir daher immer wieder auf den inneren Widerstreit gegensätzlicher Ideale, Werte, Verpflichtungen und des möglichen Sich-Ergänzens, der Komplementarität solcher Gegensätze. Das aber heißt: Konflikt ist ein Begriff, der ebenso zentral ist für das Verständnis der Religion, und das ganz besonders explizit im Judentum, wie für das des Innenlebens, und Psychoanalyse ist ja die Wissenschaft vom inneren

Konflikt.[18] Daher stoßen wir immer wieder auf die Frage: Inwieweit wurde der Ursprung der Psychoanalyse bei Freud und den anderen Pionieren der Psychoanalyse durch das jüdische Schicksal und die zeithistorischen Umstände geprägt, und inwiefern wirken die Ideen jüdischer Tradition in der Psychoanalyse, so wie wir sie kennen und praktizieren, weiter. Wie sehr ist das Verstehen aus dem Konflikt beiden Traditionen gemeinsam, das psychoanalytische Selbstverständnis als das einer Wissenschaft des inneren Konflikts begründet in einem Denken über die Widersprüchlichkeit alles menschlichen Erlebens? Yigal Blumenberg hat eine Reihe ganz hervorragender Arbeiten zu diesem Themenkreis geschrieben.

Auf eine dritte Quelle der Verlegenheit und des Zögerns für mich weise ich nur knapp hin: die Begrenztheit meines Wissens. Die jüdische Literatur ist so weit, so umfassend, zum Teil auch so schwer zugänglich, wenn man nicht Meister der hauptsächlichen jüdischen Schriftsprachen ist, des Hebräischen, des Aramäischen und des Jiddischen, die jüdische, vom Gesetz durch und durch bestimmte Lebensform ist oft so schwer mit den täglichen Anforderungen des modernen Menschen zu versöhnen, daß ich meines eigenen Ungenügens schmerzlich bewußt bin.

Schließlich wende ich mich einer vierten Schwierigkeit zu, die mir erst bei den früheren Präsentierungen dieses Materials aufgegangen ist: wie viel Grundlegendes, Vorauszusetzendes in der deutschen Sprach- und Kulturwelt, auch Gebildeten, unbekannt ist.[19] Das Loch des Nichtwissens ist aber die Eintrittstür für Mißverständnis, und damit für Vorurteil, und dann Entwertung. Am Ende steht die Entmenschlichung. Es ist mir daher ein Hauptanliegen, dieses zum kleineren Teil durch den Holokaust geschaffene, aber zum großen Teil schon vorher gegrabene Loch etwas zu füllen. Ich muß daher für Geduld bitten, wenn nicht alles gleich zu verstehen ist und wenn, was ich vorstelle, von hoher Komplexität sein wird. Ich brauchte schon Begriffe, wie Midrasch, Talmud, ja sogar Bibel, deren Bedeutung hier nicht mehr allgemein bekannt ist.

Der Einblick in die Welt des Judentums, den ich zu eröffnen hoffe, bedarf der Arbeit, der Wiederholung, des Sich-Zurücknehmens aus gewohnten Einstellungen und Vorstellungen. Vor allem werden sich gewisse Selbstverständlichkeiten als Vorurteile entpuppen. Leider ist es aber so, daß der Holokaust dieses Loch des Nichtwissens und Nichtverstehens massiv vertieft und verbreitet hat und daß die Jahre seither erstaunlich wenig dazu getan haben, eine Vertrautheit herzustellen oder vielleicht wiederherzustellen. So heißt es in dem zuvor zitierten Werk von E. Schlant: »in its approach to the Holocaust, the West German literature of four decades has been a literature of absence and silence contoured by language« (1999, S. 1); die Trauer wurde durch Verdrängung, Verleugnung und Derealisierung abgewehrt (S. 12, 35, 38). Der durch den Holokaust und den ihm zugrundeliegenden Antisemitismus gesetzte »Bruch in der Zivilisation« (Diner, zit. n. Schlant 1999, S. 14) drückt sich auch heute noch im Nichtwissen vom Jüdischen, ja in dessen Unverständlichkeit aus, was sehr leicht und schnell von einer scheinbaren Aufnahmebereitschaft und Neugierde in vehemente Ablehnung des Jüdischen und unbegreifliches Mißverstehen umschlagen kann.

Darum habe ich mich entschlossen, mit einem Abriß der jüdischen Geschichte, wenigstens so weit sie mir bekannt ist, zu beginnen.

III

Geschichte

»Der Feuerofen« und »die goldene Ampel«, Macht und Geist, rituelle Form und ethisch-geistige Substanz – Polaritäten der jüdischen Geschichte

Für die Dualität von Katastrophe und bedrohter Wertewelt, wie sie die jüdische Geschichte über die Jahrtausende begleitet hat, habe ich zwei Symbole gewählt: Das erste, das Bild des Feuerofens (tannur esch) oder Schmelzofens (kur), wird mehrfach in der Bibel gebraucht, um die das Volk befallende allumfassende Katastrophe und Bestrafung zu bezeichnen (z. B. Psalm 21,10, Deuteronomium 4,20, Jesaja 48,10, Jeremias 11,4, Ezechiel 22,18). Im Buch Daniel lesen wir, wie die drei Vorsteher der babylonischen Judenschaft denunziert werden, da sie sich nicht vor dem goldenen Bild des Königs in den Staub werfen. Zur Strafe werden sie in den lodernden Feuerofen (atún nurá jaqid'tá) geworfen (Daniel 3). Zu seiner Verblüffung sieht König Nebukadnezar, daß die drei Männer nun zu viert und heil in den Flammen stehen. Die prophetische Bedeutung dieses Symbols läßt uns erschaudern.

Eine andere Metapher stammt aus Deuteronomium 31,17f.: »Héster paním«, das Verhüllen des göttlichen Angesichts in Zorn: »Ich aber werde alsdann mein Angesicht gänzlich verbergen um all des Bösen willen, das sie getan.«

Ihm gegenüber steht das Symbol der goldenen Ampel, als Bildnis für das bedrohte Leben und ihr Zerschellen für das Sterben, doch in tieferem Sinn auch für den Glanz und das Verderben der Werte und der Kultur. Wir finden es am Ende des Kohelet (Prediger 12,6): »(Sei deines Schöpfers eingedenk) . . . ehe denn die silberne Schnur zerreißt und die goldene Ampel zerspringt[20], ehe das Rad bricht und in den Brunnen stürzt und der Eimer an der Quelle zerschellt.«

Die jüdische Geschichte bestimmt zudem eine andere Antithese, wie sie sich im berühmten Wort des Propheten Zecharja (4,6) ausdrückt: »*Nicht durch Stärke und nicht durch Macht, sondern durch meinen Geist*, sagt der Herr der Heerscharen – lo b'chájil w'lo b'kóach, ki im b'rúchi, amár YHWH (adonai) Tz'vaót.« Dieses wunderbare Wort ist verbunden mit dem Bild des siebenarmigen Leuchters, dem Symbol für den Tempel,»die Augen des Herrn«, und kündet damit den Wiederaufbau des von den Babyloniern 586 v. Chr. zerstörten ersten Tempels durch Zerubavel an. Hunderte Jahre später wurde der gleiche Leuchter, die Menorah, zum Symbol für den teils militärischen, viel mehr aber kulturell-religiösen Sieg der Makkabäer über die Griechen, genauer: über die hellenisierten Syrier unter dem König Antiochus Epiphanes im Jahr 164 v. Chr., die die Ausübung der Reinheitsgesetze verboten hatten, und damit zum Merkmal des Chanukka-Festes (Schorsch, 19.12.1998, Miketz). Das dem Tempeldienst geweihte Öl reichte bei der Neueinweihung des durch Schweine verunreinigten Tempels acht Tage statt nur einen Tag. Chanukka bedeutet »Einweihung«, das Lichtfest dauert acht Tage.

Doch nun zum Anfang. Er verliert sich in den Tiefen der nahöstlichen Geschichte. Doch lassen sich im biblischen Text und der Archäologie deutlich mehrere Schichten unterscheiden. Die älteste sind die mythischen Erzählungen vom Weltanfang: Schöpfung, Paradies, Sintflut – das sind alte, obwohl ganz wesentlich umgeformte Mythen aus Mesopotamien, aus Urzeiten, die im wesentlichen auf die sumerische Kultur, also ins dritte, wenn nicht vierte vorchristliche Jahrtausend zurückweisen.

Dann kommt die Schicht der Erzählungen über die aus dem oberen Zweistromland nach Kanaan ausgewanderten Urväter Abraham, Isaak und Jakob und deren Familien. Bis in Details der in der Bibel sich findenden Verträge lassen sich diese archäologisch aus den Stadtstaaten des oberen Euphrat um 1700 v. Chr. belegen. Es handelt sich bei diesen mythischen Erzählungen zwar nicht auch um historisch unmittelbar anzunehmende Fakten, aber das historische Element ist darin wesentlich. Auch gilt das für die vorkommenden Personennamen, die teilweise ebenfalls in zeitgenössischen Dokumenten wieder anzutreffen sind. Der nun aufkommende Name der Hebräer, Ivrim, im »Fruchtbaren Halbmond« »Chabiru«

oder im Ägyptischen »Apiru«, wurde auf Nomadenstämme, die »jenseits, außerhalb« wohnen, angewandt oder auch auf solche, die von jenseits des Euphrats, also aus Mesopotamien eingewandert seien. Nach einer anderen Erklärung ist Chabiru ein sumerisches Wort und bedeutet »die Ausgestoßenen«. Gewisse Forscher haben daher in den Chabiru und damit vielleicht den Ur-Hebräern nicht eine ethnische Bezeichnung gesehen, sondern ihn als Sammelbegriff für die Ausgestoßenen, Entwurzelten und Entrechteten der Stadtstaaten Mesopotamiens und Kanaans aufgefaßt (z. B. Mendenhall 1973) – Außenseiter, Rebellen, die als Söldner rekrutiert oder als Fremde verfemt und verachtet wurden. Anklänge davon finden sich in der Bibel, wenn es beispielsweise in Deuteronomium 26,5 heißt: »... ein verlorener Aramäer war mein Vater – Aramí ovéd aví«, also einer, der sich in der Wildnis verlaufen hatte.

Der bedeutende Forscher Frank Moore Cross erklärt das Wort »Apiru«, »Hebräer«, als Klienten, als jemanden, der mit Nahrung versehen werde, also einen Angestellten, einen Untergeordneten, Außenseiter in der feudalen kanaanitischen Gesellschaft (Cross 1998 S. 69).

Abrahams Aufbruch war ein scharfer Bruch mit der Tradition, ein Akt der Befreiung und des Trotzes, wie das symbolisch in viel späterer Zeit dargestellt wurde: Abrahams Vater Terach sei, so heißt es in einem Midrasch, ein Hersteller und Verkäufer von Götzenbildern gewesen. Als Abraham einmal den Laden seines Vaters betreuen mußte und eine Kundin einem Idol ein Opfermahl dargebracht haben wollte, nahm er einen Stock, zerschlug die Skulpturen und legte den Stock in die Hand der größten Figur. Als sein Vater den Unfug entdeckte und ihn zur Rechenschaft zog, erklärte Abraham, die Götzen haben miteinander gestritten und der größte habe die anderen zerschlagen. »Du lügst und verhöhnst mich! Wissen die denn etwas?« »Sollten deine Ohren nicht darauf hören, was dein Mund spricht?« erwiderte sein Sohn. Der Vater schleppte ihn zum König, der ihn in den Feuerofen warf. Doch wurde er errettet.

Abrahams Bruch war nicht nur der mit dem Dienst der sichtbaren Götter, sondern mit einer zyklisch-mythischen Erfahrung des Menschenlebens. Wie T. Cahill (1998) sagte, entdeckte er die Dimension der Zeit als einer in die Zukunft gerichteten Geschichte, und dabei einer Geschichte, die auf einem gegenseitig bindenden Vertrag, also dem Rechtssystem, und einem Versprechen beruhte und einem grundlegenden Prinzip von Gerechtigkeit unterworfen war: Die Geschichte habe ein Ziel, und dieses Ziel sei ethisch!

Zugleich aber sind diese Patriarchen- und Matriarchengestalten durchaus mythische Figuren, vielleicht ganz verschiedenen, geographisch unterschiedlich zentrierten Tradition entwachsen. Dafür spricht auch die sonderbare Inzestthematik, wie sie sich auf allen Ebenen der Patriarchengeschichte abzeichnet. Sara wird mehrfach als Schwester von Abraham bezeichnet; dasselbe geschieht mit Rebekka als Schwester von Isaak. Die von ihrem Schwager (für die Leviratsehe) verschmähte Tamar wird als »heilige Hure« (qadischá) von ihrem Schwiegervater Juda, Jakobs Sohn, geschwängert, und dieser Vereinigung, aus der der Sohn Peretz hevorgeht, entstammt mehrere Generationen später David; etwas ähnliches spielt sich, wenigstens andeutungsweise, in einer rituellen Ernteorgie, zwischen Ruth und Boas, dem Nachkommen von Peretz, ab. Dies alles sind Riten der heiligen Hochzeit, des hierós gámos, auf einer die Götter repräsentierenden und Fruchtbarkeit gewährleistenden Ebene. So entstamme auch der Messias, als Nachkomme Davids, jenem Inzest zwischen Juda und seiner Schwiegertochter Tamar (durch Boas) und zugleich einer Fremden, Ruth, der Moabiterin, deren Stammvater Moab seinerseits das Produkt eines Inzests gewesen war: Nach der Vernichtung Sodoms wähnten nämlich die Töchter des entronnenen Lot, sie seien die einzigen Überlebenden eines Holokaust und, um Nachkommen zu bekommen, machten sie ihren alten Vater betrunken und ließen sich von ihm schwängern. Eines der Ergebnisse war Moab, etymologisch: »vom Vater«.

Zugleich ist auch das andere, von Freud im Ödipus-Komplex beschriebene und in den früher schon zitierten Werken ins Zentrum seines Verständnisses der jüdischen Geschichte gestellte Urmotiv, die *Zerstörung des Vaters,* erkennbar (von Terach, wie später des Pharao, oder vielleicht, wie es Freud postuliert hat, die Tötung von Moses, sicher später die Schmähung und Verstoßung anderer Propheten).

Ein drittes, vielleicht noch wichtigeres Urmotiv ist *Infantizid,* die Schlachtung der Kinder, zunächst gerade durch die Muttergottheit und für die Muttergottheit, wohl als Fruchtbarkeitsritus, hernach für die männlichen Götter, wie den Moloch. Im Judentum ist die Abwehr gegen jedes Menschenopfer radikal, gehört zu seinem Kern; diese Umwendung und absolute Abkehr wird in der zuerst geforderten und dann abgewehrten Opferung Isaaks durch Abraham und dessen Ersatz durch das Opfertier dargestellt (die sogenannte *Aqedá*, Bindung). Daß Gott das Opfer des Sohnes verlangt, kehrt erst im Christentum wieder: Nur der Opfertod des Gottessohnes erlöst die Welt. Aus der gefährlichen Muttergöttin wird so der Opfer verlangende Vatergott und die nährende, sich erbarmende Mütterlichkeit (die Madonna, hernach in der jüdischen Mystik die weibliche Seite der Gottheit, die »Einwohnung« oder Schechiná).

Die Feueropfer werden die »Nahrung ihres Gottes« (léchem elohehém, Levitikus 21,6 und 8) genannt – ebenfalls eine archaischheidnische Vorstellung (Komm. Schorsch zu »Emor«, 13.5.2000).

Blutriten zur Sühne von Urschuld durchziehen, wie Freud es herausgearbeitet hat, die archaischen Schichten der Bibel – ob im Sinn der Schuld für den Vatermord (und die Ermordung des für ihn eintretenden Künders), wie er es spekulativ und geistreich postuliert hat, oder ob eher für die mehreren Inhalte, die ich eben erwähnt habe, sei dahingestellt.

Solche Blut- und Opferriten dienen aber, entsprechend der alten Tradition des Nahen Ostens, der Besiegelung eines Loyalitätsvertrags: »der Bund zwischen den Stücken« (d. h. der entzweigeteilten Opfertiere, »brit ben habtarím«, Genesis 15), wie der Gottesvertrag mit Abraham heißt. Der »Vertrag der Beschneidung« (brit milá) ist wohl ein ähnlicher blutiger Opferritus, der an die Stelle des Menschenopfers tritt.

Die Ethik selbst ist aber die starke Gegenmacht zu dieser mythischen Welt. Sehr viel mehr wird dazu zu sagen sein.

Dann findet sich eine dritte sehr bedeutsame Schicht. Ungefähr zwischen 1675 und 1552 v. Chr. beherrschten aus Kanaan, also dem heutigen Palästina, Eretz Israel, eingedrungene, kanaanitisch-semitische Stämme das Reich Ägypten. Es waren die sogenannten Hyksos. In späterer ägyptischer Geschichte wurden diese Fremdherrscher mit Haß und Verachtung beschrieben.

Diese Abwehr- und Verfemungshaltung verknüpfte sich mit Echnaton, oder Akhenaten, einem Nach-Hyksos-Pharao, der in der Mitte des 14. Jahrhunderts v. Chr. 17 Jahre lang über das Nilreich herrschte (1352–1336 v. Chr.); er versuchte, die ganze Götterwelt abzuschaffen und durch einen stark vergeistigten Monotheismus zu ersetzen. Entscheidend dabei war nicht so sehr die Einheit des Göttlichen, sondern, wie James P. Allen (1999) ausführte, daß es sich bei ihm um das Postulat der Exklusivität des Glaubens an einen Gott statt der Komplementarität von Eingott- und Vielgötterglauben handelte. Nach seinem frühen Tod wurde seine Revolution radikal ausgemerzt und alle Erinnerung an ihn vernichtet. Doch haben manche, besonders auch Freud, auf die Gemeinsamkeit mit der einen Grundidee von Moses, eben einem radikalen Eingötterglauben, hingewiesen.

Was nun freilich bei Moses entscheidend dazukommt, ist die ethische Dimension. Nicht nur ist der jetzt im Pessachfest erinnerte und gefeierte Auszug aus Ägypten ein Akt der religiösen Befreiung einer Gemeinschaft und der Beginn einer Volkwerdung, sondern er ist zugleich ein Signal für individuelle Freiheit und Selbstbestimmung, damit aber auch für individuelle Verantwortung. Thomas Mann nannte als Ziel dieser Gemeinschaft, »daß sie als verschworene Diener des Unsichtbaren ein abgesondertes Volk des Geistes, der Reinheit und Heiligkeit würden zu sein haben« (»Das Gesetz« 1943/1944, S. 622). Diese Befreiung bedeutete neue Unterwerfung, doch eine unter etwas ganz anderes, bisher nie Gewesenes, und zugleich bedeutete sie Trotz gegen das Sichtbare, immer Gewesene.[21]

Zeitlich lassen sich der Auszug aus Ägypten, die Gesetzgebung durch Moses am Sinai und damit die Volkwerdung von Israel auf die Zeit etwa um 1300 v. Chr. ansetzen. Die erste Erwähnung des Namens außerhalb der Bibel findet sich auf einer Siegesstele des Pharao Merneptah, aus dem Jahr 1207 v. Chr., der sich damit brüstet, er habe das Volk Israel ein für alle Mal vernichtet.

Wie schon erwähnt, ist die mosaische Tradition ganz eindeutig stark von ägyptischen Kulturelementen geprägt. Auch die hauptsächlichen Namen der Familie von Moses sind natürlich ägyptisch. Zum Beispiel bedeutet »Moses/Moshe« »Kind«. Dennoch ist die Gedankenwelt, wie die Sprache der mosaischen Tradition, das heißt das zweite bis fünfte Buch Moses in der Bibel, hebräisch, semitisch. Neben den ausführlichen erzählerischen und gesetzgebend-moralischen Abschnitten gibt es darin auch poetische Teile, deren Sprache sehr archaisch ist. Bis in Einzelheiten gleicht das Hebräische darin

Gedichten aus derselben und früheren Zeit, die wir heute aus dem Phönizischen, aus Ugarit, kennen. Die Phönizier waren, wie die Hebräer, ein nordwest-semitisches Volk, das an der Küste des heutigen nördlichen Israel, von Libanon und Syrien lebte und vor allem dem Handel oblag. Ihre Sprache war dem Hebräischen so nahe, daß die beiden als einander eng verwandte Dialekte angesprochen werden können. Doch wie in bezug auf das Ägyptische und Mesopotamische muß auch in bezug auf das Phönizische gesagt werden, daß die Ähnlichkeit in Sprache oder Kultus um so stärker die Einzigartigkeit der ethischen Revolution durch Moses heraustreten läßt.

Überdies spiegelt die göttliche Gesetzgebung als Teil des »theokratischen Staatsvertrags«, der Bundeschließung mit Gott, hethitische Vorbilder wider: Nur im »›Formular‹ der hethitische Staatsverträge ... findet sich die Verbindung von geschichtlichem Rückblick, gesetzlichen Bestimmungen, Fluch und Segensformeln, die den Aufbau des Deuteronomium bestimmt« (Assmann 2000a, S. 310, Endnote zu S. 181).[22]

Die verbindliche Gesetzlichkeit verkörperte sich in den nahöstlichen Hochkulturen – in Mesopotamien wie in Ägypten – im König und in dessen Machtwort: »Die Legitimität der Gesetze entspringt nicht einer kodifizierten Tradition, sondern der jeweiligen königlichen Autorität« (Assmann 2000a, S. 179), »der König als verkörpertes Recht« (S. 181). Demgegenüber ist die Thora, »die Weisung« als Gesetz, selbst göttlich. Das Wort mag und muß der Deutung offenstehen, aber keine Deutung steht für das göttliche Wort selbst. Die Legitimität beruht auf der Schrift, nicht auf der Macht eines Menschen. Sie ist »als absolut verbindliche Grundlage aller künftigen Rechtspraxis gedacht« (S. 181).

Ägypten und Israel als radikale Gegensätze, als Gegenreligionen

Doch untersuchen wir nun ganz kurz die Anfänge. Assmann beschreibt, wie die Religion Moses' von Anfang an als Gegenreligion gegen die Geistes- und Wertewelt von Ägypten, den »Götzendienst«, geschaffen wurde, symbolisiert als Grundsünde durch die Anbetung des Goldenen Kalbs, des Apisstieres (Assmann 2000a, S. 211). Umgekehrt werden die Juden von den Ägyptern als Ikonoklasten, als Aussätzige und als Abkömmlinge der asiatischen Eindringlinge und Herrscher, der Hyksos (1700–1300 v. Chr.) verabscheut.

Die Erinnerung an die monotheistische Revolution des Pharao Achenaten (Echnaton, Achenjati; im 14. Jh. v. Chr.), sein Glauben an eine exklusiv einzige, aber immanente Gottheit, Aton – im Gegensatz zur transzendentalen, ethischen Gottheit von Moses (Allen 1999) – und die ägyptische Reaktion darauf lebt in dieser Abscheu gegen Moses und sein Volk weiter (Assmann 2000a). Die Klischees des späteren Antisemitismus finden sich zum Teil schon in diesen sehr frühen Quellen. Assmann schreibt zur Revolution von Echnaton (Akhenaten): »Der erste Konflikt zwischen zwei fundamental verschiedenen und unvereinbaren Religionen, den die Menschheitsgeschichte kennt, ereignete sich im Ägypten des 14. Jahrhunderts v. Chr. … In ihrer radikalen Ablehnung der Tradition und ihrer gewaltsamen Intoleranz zeigt die monotheistische Revolution Echnatons alle Züge einer Gegenreligion« (2000a, S. 48 f.). Es sei dieses Trauma, das den ursprünglichen Impuls der Geschichte von Ägypten und Israel darstelle. Echnatons Revolution, die aus dem offiziellen und historischen Gedächtnis verdrängt wurde, lebe in der Form einer traumatischen Erinnerung fort. »Wie Aleida Assmann gezeigt hat, kann auch ein Trauma als Stabilisator der Erinnerung wirken. … Das Trauma ist … die Form, in der Echnaton im kollektiven Gedächtnis Ägyptens fortwirkt« (Assmann 2000a, S. 49). Er erklärt die Natur dieses Traumas weiter: »Die Tempel wurden geschlossen, die Götterbilder zerstört, ihre Namen ausgehackt und ihre Kulte abgebrochen. Je tiefer man in die altägyptische Welt eindringt, desto klarer läßt sich nachvollziehen, was für ein furchtbarer Schock dieser Göttersturz gewesen sein muß für eine Gesellschaft, die davon überzeugt war, daß nicht nur die politische und ökonomische Wohlfahrt des Landes, sondern das Leben der gesamten Natur davon abhing, daß in allen Tempeln des Landes unablässige Riten vollzogen wurden. Der Abbruch der Riten bedeutete im ägyptischen Denken den Zusammenbruch der sozialen und kosmischen Ordnung. Das Bewußtsein einer furchtbaren und nicht wiedergutzumachenden Versündigung muß sich der Mehrheit der ägyptischen Bevölkerung bemächtigt haben« (S. 49).

Infolge der Kriege mit den Hethitern zur selben Zeit brachen über den ganzen Vorderen Orient hin und vermutlich auch in Ägypten schwere Pestepidemien aus: »Diese Erfahrung, die gar nicht anders denn als Ausdruck furchtbaren göttlichen Zorns gedeutet werden konnte, verstärkte noch die Erfahrung des gegenreligiösen Theoklasmus, um schließlich das Trauma oder Phantasma des religiösen Feindes hervorzurufen« (S. 50). »Nachdem die Erinnerung [an die Amarnazeit] ausgelöscht wurde, wurde auch noch die Tatsache der Auslöschung getilgt. Nur der Eindruck des Schocks blieb zurück, die vage Erinnerung an etwas in höchstem Maße Unreines, Gottloses und Zerstörerisches, eine Erinnerung, die sich nun, ortlos geworden, mit anderen Erfahrungen verbinden konnte. ... Die ortlos gewordenen Amarna-Erinnerungen hefteten sich an die Hyksos und ihren Gott Baal, der dem ägyptischen Gott Seth gleichgesetzt wurde ...« Das Kernmotiv der religiösen Konfrontation vermischte sich mit dem Motiv der Fremdinvasion: »Das Amarna-Trauma formte rückwirkend die Hyksos-Erinnerung um und prägte in der Folgezeit die Formen, in denen ausländische Eroberungen und Fremdherrschaften erfahren und erinnert wurden« (S. 55). Diese Erklärung »zeigt nicht nur, wie ein Trauma über ein Jahrtausend hinweg als ›Stabilisator der Erinnerung‹ wirken kann, sondern sie zeigt auch die Gefahren kultureller Verdrängung und traumatischer Verformung. *Das ägyptische Phantasma des religiösen Feindes wurde erst mit den Asiaten im allgemeinen und dann mit den Juden im besonderen verbunden.* Es nahm viele Züge des westlichen Antisemitismus vorweg, die sich jetzt auf ihren ursprünglichen Impuls zurückführen lassen. *Dieser Impuls hatte mit den Juden nichts zu tun, sehr viel dagegen mit der Erfahrung der Gegenreligion* (Hervorh. v. L. W.)« und eben (wie im englischen Original angefügt) mit der Erfahrung der Pest (Assmann 2000a, dt. S. 55; engl. S. 30).

»Echnatons Revolution war für Freud ein Durchbruch in der Aufklärung und ein Fortschritt in der Geistigkeit«, freilich eine Aufklärung, die in den Formen von Gewalt und Intoleranz erfolgte. »Freud stellt Echnaton sowohl als einen Aufklärer als auch einen intoleranten Despoten dar, der dem Volk seinen universalistischen Monotheismus mit Gewalt und Verfolgung aufzwingt. Freud konzentriert die ganze gegenreligiöse Gewalt des biblischen Monotheismus auf die Aton-Religion und ihre Verkünder, Echnaton und Moses den Ägypter. Vollkommen zu Recht betont Freud die Tatsache, daß wir es hier, in Ägypten, mit der ersten monotheistischen Gegenreligion zu tun haben, die die Menschheitsgeschichte kennt. Hier wurde zum ersten Mal die Unterscheidung getroffen, die den Haß der Ausgegrenzten auf sich zog« (S. 242) und so auch die Grundlage der judäophoben Texte des Altertums bildete (wie es im englischen Text heißt; S. 167).»Der Haß auf die Juden, d. h. auf die Monotheisten, ist die Rache der durch die Mosaische Unterscheidung Ausgegrenzten. ... Nicht der Jude, sondern der Monotheismus zieht diesen unauslöschlichen Haß auf sich« (S. 241 f.).

Aus der »Gleichsetzung des ägyptischen Mythos von der Vertreibung der Aussätzigen, der vermutlich auf die Erfahrung der Amarnazeit zurückgeht, mit der jüdischen Exodusüberlieferung ... entsteht das scheußliche Bild vom Juden als Religionsfrevler, als Teufelsverbündetem, als Ritualmörder und Fremdkörper, den es zu eliminieren gilt, um in Heiligkeit, Reinheit und Gottesnähe leben zu können. Viele Komponenten des modernen Antisemitismus sind hier bereits greifbar sowie politische Angstmotive wie die ›fünfte Kolonne‹ und der ›Staat im Staat‹« (Assmann 2000a, S. 241).

Moses geht es »weniger um die Einzigkeit Gottes als um die Ausschließlichkeit der Bindung an diesen Einen Gott« (Assmann 2000a, S. 245).[23] »Diese Ausschließlichkeit wird eng verknüpft mit dem Motiv der politischen Freiheit« (S. 254).

Assmann differenziert diese Auffassung des Judentums als Gegenreligion gegen die herrschende ägyptische (und später die griechisch-römische, ja die neuzeitliche, von gewissen konservativen Staatspolitikern vertretene), indem er von einer »gewaltigen Transformation [des] Wirklichkeitsmodells« spricht: »Ägypten steht für die repräsentative Zwangseinheit von Herrschaft und Heil. Diesem symbolischen Ägypten gilt die geheime Sehnsucht vieler konservativer Denker, die in der Einheit von Herrschaft und Heil die Grundlage politischer Ordnung sehen. ... Israel dagegen steht für die Trennung von Herrschaft und Heil, entweder im theokratischen Sinne, der menschliche Herrschaft nur in untergeordneten Formen zuläßt, oder im dualistischen Sinne, der in der Zwei-Reiche-Lehre gipfelt. Zum ersten Mal in der Geschichte der Menschheit fundieren die königskritischen Texte der Bibel einen Widerstand gegen das Königtum, der nicht nur einzelnen, vom Gesetz abweichenden Herrschern gilt, sondern der Institution überhaupt« (Assmann 2000a, S. 70 f.). Steht die Polarisierung von Chaos und Umsturz gegenüber Ordnung und Gerechtigkeit, von Trennung und Zerstückelung gegenüber Vereinigung und »Monokratie« im Zentrum der ägyptischen Weltanschauung, so bezieht Israel »sein Identitätsbewußtsein aus der Frontstellung gegenüber einem Ägypten, das Symbol ist für jede Form von Tyrannei, Unterdrückung und Heidentum. Hier steht nicht Kultur gegen Chaos, sondern die eine gegen die andere Kultur« (S. 104).[24]

Ein ganz entscheidender Unterschied dieser beiden antithetischen Religionen ist die Einstellung zum Tod: »In Israel . . . gibt es kein ewiges Leben im Jenseits. Gleichwohl sind die Verheißungen lebenszeittranszendent: sie beziehen sich hier auf Vermehrung und Dauern im Gelobten Land. Sie gelten dem ganzen Volk. Gott vollstreckt sein Urteil auf der Bühne der Geschichte. In Ägypten tritt das Reich des Osiris an die Stelle des Gelobten Landes. Die Verheißung gilt dem einzelnen Individuum, und das Urteil wird nach dem Tod vollstreckt« (Assmann 2000a, S. 157).[25]

Ich werde später auf die gewaltige Antithese innerhalb des Judentums zwischen Natur und Geschichte zu sprechen kommen. Eine ähnliche Gegenüberstellung kann zur Einstellung dem Tod gegenüber gemacht werden, wie sie Assmann heraushebt: »Die Kultur . . . ist in ihren zentralen und normativen, anspruchsvollen Aspekten und Motiven nichts anderes als die symbolische Realisierung eines umgreifenden Horizonts [der die Begrenzung des eigenen Lebens durch den Tod aufheben würde], ohne den die Menschen nicht leben können. Das gilt auch für Gesellschaften, die, wie etwa die altisraelitische, in allen Punkten so ungefähr das Gegenteil dessen für wahr halten, was den Ägyptern als Wahrheit gilt. Hier gibt es keinen heiligen Raum der Dauer, wie ihn die Ägypter mit den Mitteln steinerner Monumentalität errichten; das Göttliche und der Tod werden in größtmögliche Distanz zueinander gerückt, der Mensch ist Gott nah nur während seines irdischen Daseins, alle Rechnungen der Gerechtigkeit müssen im Diesseits aufgehen, von Unsterblichkeit kann keine Rede sein, und doch wird das einzelne Leben umfaßt von einem gewaltigen Horizont der Erinnerung und Verheißung, die zwar nicht ins Jenseits, dafür aber in die Kette der Generationen ausgreift. Hier ist es die historia sacra, in deren Horizont der Unsterblichkeitstrieb sein Sinnbedürfnis befriedigt – eine Idee, die Ägypten wiederum völlig fremd ist« (Assmann 2000b, S. 18). Wie es für die Antithese von Natur und Geschichte gilt, daß sie *innerhalb* des Judentums zum Austrag kommt, so kann das auch über den *Konflikt zwischen Todesbewußtsein und Unsterblichkeitswunsch* gesagt werden. Die Ansicht von der Unsterblichkeit der Seele, von der konkret erlebten »kommenden Welt« (olám habá), setzt sich in der jüdischen Geschichte durch und wird auch von Maimonides zu einem der 13 Dogmata erhoben. Wie in Ägypten das Grab, ist der Friedhof das »Haus der Ewigkeit« (beit ha'olám). Und doch bleibt der Schwerpunkt genau dort, wo die Urzeit ihn gesetzt hat: im Überleben des Volkes und der Gemeinschaft, der Kinder, der Schrift und des Geistigen, und vor allem im Akt des Sich-Erinnerns selbst.

Weitere Spaltungen und Katastrophen

Hier möchte ich nun einiges zu den verwendeten Begriffen einfügen. *Thora* bedeutet »Weisung, Lehre« und bezieht sich auf die fünf Bücher Mosis, also den ersten Teil der Bibel.[26] *Bibel* ist das griechische Wort für »Buch«, stammt aber selbst aus dem Phönizischen, nämlich der alten Stadt Byblos. Die ganze jüdische Bibel umfaßt das von den Christen so genannte Alte Testament, das heißt neben der Thora alle die anderen historischen, prophetischen und poetischen Werke, die zum überwiegend großen Teil in Hebräisch, zum kleinen, späten Teil in Aramäisch verfaßt wurden. Das Aramäische war die alte Sprache von Syrien und dem oberen Euphrattal, auch der Wüstengegenden dazwischen, und wurde unter den persischen Königen, also vom 6. vorchristlichen Jahrhundert an, neben dem Persischen, zur Amtssprache des bis nach Indien hin sich ersteckenden persischen Reichs.

Wenn ich auf die hebräisch-aramäische Bibel zurückkomme, so wird diese in der jüdischen Tradition gewöhnlich *T'nach* genannt, in einem Akronym aus den drei Worten: Thorá, K'tuvím (Schriften) und Nevi'ím (Propheten). Sie wurde vermutlich über viele Hunderte von Jahren überarbeitet und wohl ungefähr im dritten vorchristlichen Jahrhundert in ihre endgültige, kanonische Fassung gebracht.

Ich will aber zur zeitlichen Abfolge zurückkehren. Ich erwähnte, daß die Zeit der kultur- und volkschaffenden Tat von Moses ungefähr auf 1300 v. Chr. anzusetzen sei. In der Bibel wird dann geschildert, wie es zur Eroberung von Kanaan kam. Manche Forscher bezweifeln heute den biblischen Bericht, daß es sich dabei um eine militärische Eroberung handelte, sondern nehmen eher eine allmähliche Einwanderung und Besiedlung der Bergzüge in der Mitte des Landes an. Kanaan war zu der Zeit nicht mehr nur phönizisch und unter ägyptischer Oberhoheit, sondern auch teilweise von den Philistern besetzt, einem Volk, das vom Ägäischen Meer kriegerisch eingedrungen war, als Teil der sogenannten Seevölker. Es bestehen Anhaltspunkte dafür, daß diese Philister dem mykenisch-griechischen Kulturkreis angehörten; ob sie tatsächlich auch sprachlich homerische Griechen sind, weiß man heute noch nicht. Daß aber faszinierende Beziehungen von ganz früher Zeit an zwischen der hebräisch-phönizischen Kulturwelt und der mykenisch-griechischen bestanden, viel mehr als wir früher wußten (oder manche wissen wollten), ist heute recht gesichert.

Ich erwähnte eben die *Philister*, auf hebräisch »Plischtím«, und deren Land Pléschet. Bis jetzt wurde angenommen, daß ihr Name im griechischen und lateinischen Wort »Palaistíne, Palaestina« weiterlebt. Doch nun hat David Jacobson (2001) vom University College London eine ganz faszinierende und mich überzeugende These vorgebracht: Palaistíne lasse sich auf das griechische Wort »palaistés« zurückführen, das »Kämpfer, Ringer« (wrestler) bedeute und damit eine fast direkte Übersetzung des hebräischen »Israel«, »der mit Gott gerungen hat«, sei. Jakobs Kampf mit dem Engel, Genesis 32,25–27, führte dazu, daß er den Namen »Israel«, das heißt: »er rang mit Gott«, erhielt. »Palästina« sei also nichts weniger als die griechische Entsprechung für den Volk- und Landesnamen »Israel«, mit einer allenfalls beiläufigen Anspielung auf die Philister. Jacobson führt eindrückliche zusätzliche Evidenz für seine These an.

Wenn wir nun auf die Frage der Eroberung oder Infiltration des Landes durch die Stämme Israels zurückkommen, betont Frank Moore Cross die starke Wahrscheinlichkeit dessen, daß nicht einfach friedliche Unterwanderung stattfand. Es handelte es sich um kriegerisch verbündete Stämme, die durch tiefe gegenseitige Loyalität und Blutsbrüderschaft miteinander und mit ihrem Bundes- und Familiengott verbunden waren, aus der südöstlichen Wüste (am ehesten im heutigen nordwestlichen Saudiarabien) eingewandert waren und eine stark anti-kanaanitische, anti-feudalistisch egalitäre Haltung verfochten. Der Bundesgott war ein Kriegsgott; das Bündnis mit ihm beruhte seit Abrahams Zeiten auf gegenseitigen Verpflichtungen.[27] Andererseits unterstützen die archäologischen Funde die These von der allmählichen Besiedlung zu einer Zeit, da die großen Reiche der Hethiter und Ägypter desintegrierten. Die militärische Zerstörung mehrerer bedeutender Städte scheint sehr viel früher geschehen zu sein.[28]

Unter König David wurden um das Jahr 1000 v. Chr. die zwölf Stämme Israels[29] geeinigt und von der alten Zitadelle Jerusalem aus regiert. Sein Sohn Salomon baute den ersten Tempel. Doch ist vielleicht die größte Tat Davids, wie es Cahill beschreibt, die Herausarbeitung der inneren Dimension des Menschen, seiner Innerlichkeit, und damit des inneren Konflikts. Angesichts der ethischen Mahnung durch den Propheten Nathan bereut David. Seine Reue, die Umkehr, T'schuva, ist Ausdruck des Gewissens. Die Sünde kann nicht einfach äußerlich, durch Opferdienst, abgebüßt werden. Schuld und Sühne werden als innere Vorgänge erlebt, wie es prägnant im 51. Psalm ausgedrückt wird, der David nach seiner ehebrecherisch-mörderischen[30] Verfehlung mit Bathscheba und der Konfrontation mit dem Propheten Nathan zugeschrieben wird: »Sei mir gnädig, o Gott, nach deiner Güte, nach deinem großen Erbarmen tilge meine Verfehlung. Wasche mich rein von meiner Schuld, reinige mich von meiner Sünde. Denn ich selber kenne mein Vergehen, und meine Sünde steht mir immerdar vor Augen. ... Das Gottesopfer (zivché elohím) ist ein zerbrochener Geist (rúach nischbará), ein gebrochenes und zerschlagenes Herz (lev-nischbár wenidké) wirst du, o Gott, nicht verachten« (zit. z. T. nach der Zwingli-Bibel; s. a. Assmann 2000a, S. 170[31]).

Doch schon in der nächsten Generation nach Salomon kam es zur (erneuten?) Spaltung in das Nordreich Israel und den südlichen Kleinstaat Juda. Israel wurde etwa 722 v. Chr. von den Assyrern unter Sargon erobert; ein Teil der Bevölkerung wurde, in einer Art von »ethnischer Säuberung«, deportiert und verschwand aus der Geschichte, wenn auch nie aus der mythischen Erwartung ihrer Rückkehr, Erlösung und Wiedervereinigung in der Endzeit. Dasselbe Geschick der Eroberung befiel Juda von seiten der Babylonier unter dem früher erwähnten König Nebukadnezar im Jahr 586 v. Chr. Auch hier wurde ein großer Teil nach Babylon verschleppt. Doch dieses Reich fiel den Persern nach wenigen Jahrzehnten zum Opfer. Deren König Kyros erlaubte den Juden die Rückkehr und den Wiederaufbau des zerstörten Jerusalem und des Tempels.

In diesen Jahrhunderten, wohl ungefähr gleichzeitig mit der Abfassung der älteren Versionen der Thora[32] und der Chroniken, erfolgte die revolutionär antithetische Einstellung gegenüber der Opfer- und Ritualkultur durch die sich gegen die Machtstruktur und Hierarchie aufbäumenden Prophetengestalten.[33] Fortab wird das Judentum weitgehend von diesem Gegensatz von *ritueller Form* gegenüber *ethisch-geistiger Substanz* geformt. Immer wieder schwingt das Pendel vom einen zum anderen Pol. Zeichen dieser umfassenden Antithese werden wir im folgenden immer wieder wahrnehmen. Daß es mannigfache Formen der Synthese gerade dieser Polarität gibt, macht auch die reiche Vielfalt des alten wie des modernen Judentums aus. Der Konflikt zwischen verschiedenen Formen solcher Synthese spielt sich auch in brisanter Form in der Gegenwart wieder ab.[34]

In den folgenden Jahrhunderten kam es also zum kanonischen Abschluß des Alten Testaments, eben des T'nach. Doch darauf folgte der Aufbau einer neuen Geisteswelt, des nachbiblischen, rabbinischen Judentums, dessen Schilderung ich die folgenden Ausführungen widmen werde.

Der jüdische Staat war klein, unter verschiedenen Oberhoheiten, der persischen, dann der griechisch-syrischen und schließlich der römischen, bald mit mehr religiöser und politischer Unabhängigkeit, bald mit weniger. Bald hatte die Priesterschaft mehr Macht, bald hatten es die Gelehrten, bald die Könige. Ich erwähnte schon den Makkabäeraufstand im Jahr 165 v. Chr., der zwar zur Selbstbehauptung gegen die Griechen, aber auch zu schweren inneren Problemen führte, zu Machtkämpfen zwischen den weltlichen und den religiösen Behörden und den verschiedenen philosophisch-religiösen Parteien. Die Könige, vor allem der verruchte Herodes, waren zum Teil Fremde: Edomiten und Araber. In den Machtkämpfen des ganzen Mittleren Ostens war das kleine Juda ein Spielball. Etwa 50 v. Chr. rief einer der Könige die Schutzherrschaft der Römer an, und für die nächsten 400 Jahre war die zumeist brutale Oberherrschaft der Römer und deren Besetzung und Zerstörung das Bestimmende. Im Jahr 66 n. Chr. kam es zum großen Aufstand gegen die Römer, der vier Jahre später zur Verbrennung des Tempels, der Zerstörung von Jerusalem und der Tötung oder Deportation großer Teile des Volkes führte.

Wir werden uns später mit der Katastrophe vom Jahr 70 n. Chr. noch genauer beschäftigen. Hier nehme ich nur vorweg, daß es der führende Gelehrte Jochanan ben Zakkai war, der in einem Sarg aus dem belagerten Jerusalem herausgeschmuggelt wurde und vom römischen Feldherrn Vespasian die Erlaubnis erhielt, Lehrhaus und Gerichtshof in Javne, nahe der Küste neu aufzubauen. Hier in Javne wurde die Grundlage zur schriftlichen Kodifizierung der rabbinischen (nachbiblischen) Tradition gelegt, nämlich das, was als *Mischna* bekannt wurde.

Dazu eine Erläuterung: Die Talmudtraktate bestehen jeweils zum guten Teil aus zwei Schichten, der Mischna und der Gemara, und finden sich in zwei verschiedenen Redaktionen vor: der von Jerusalem (Jeruschalmi) und der von Babylon (Bavli); die letztere ist umfangreicher und die gewöhnlich maßgebende. Mischna bedeutet »Studium, Lehre«, ursprünglich »Wiederholung«, und ist die frühere Schicht des Talmuds; sie gibt in klassischem Hebräisch die Diskussionen und Beschlüsse der führenden Gelehrten, der sogenannten *Tannaím*, von etwa 200 v. Chr. bis 200 n. Chr. wieder. Die Mischna wurde um 200 n. Chr. von Jehuda haNassi (dem »Fürsten«, oder kurz »Rabbi« genannt, der Legende nach dem Freund und Berater des römischen Philosophen-Kaisers Mark Aurel) im Sanhedrin (dem obersten Gericht) von Javne in 63 Abschnitten kodifiziert. Darauf basieren dann die aramäisch verfaßten ausgiebigen Diskussionen durch die Gelehrten (Amoraím), die in der *Gemará*, dem viel größeren Teil des Talmuds, wiedergegeben werden. Gemara bedeutet Vervollständigung. Das Wort *Talmud* bedeutet »Lernen und Lehren«. 37 der 63 Mischna-Abteilungen sind in Traktaten des Bavli, 39 in denen des Jeruschalmi kommentiert. »Masechet«, Traktat, bedeutet eigentlich »Gewebe«. Diese Diskussionen bleiben gewöhnlich offen, unabgeschlossen, und geben einen einmaligen Einblick in die Kultur- und Alltagswelt von Eretz Jisrael (Palästina) und Babylonien zwischen 200 und 600 n. Chr., wie auch in eine oft erstaunlich moderne Weise kritischen Denkens und der Dialogik – autoritativ, aber nicht autoritär. Die Parallelen zum Dialog und der Dialektik im Sinn Platons wie der modernen Wissenschaftsphilosophie sind mehr als zufällig, nämlich in bezug auf den ersteren zum Teil geschichtlich begründet und auf die letztere mit einer gemeinsamen Grundeinstellung gegenüber kritischer Vernunftsausübung.

Doch was uns besonders interessiert, ist die Ähnlichkeit in Methode und Inhalt des talmudischen Denkens mit der Psychoanalyse: das Unabgeschlossene, prinzipiell Offene, das Stehenlassen von Gegensätzen, das immer wieder neue Zweifeln, die Bewußtheit der Vielschichtigkeit der seelischen und sozialen Wirklichkeit wie der biblischen Texte. Immer wieder kommt es zur Feststellung: »ha gufa qashia – das ist in sich selbst schwierig«, das heißt, es birgt einen inneren Widerspruch. Oder: »t'juvta – da ist eine Widerlegung.« Oder: »Gavra agavra qa ramet – du stellst einen Gelehrten gegen den anderen.«

Etwas anderes ist überaus eindrücklich und oft für den in der westlichen Denktradition Stehenden befremdlich: Der Talmud argumentiert im allgemeinen nicht nach abstrakten ethischen Kategorien, die auf das Allgemeine und Universelle abzielen, wie zum Beispiel die »Nikomachische Ethik« des Aristoteles, sondern immer in der Gestalt von Einzelfällen, von Geschichten, von konkreten Zitaten und Aussagen, von Individuen, deren Personhaftigkeit, Beziehung zum Anderen und Verantwortlichkeit im Mittelpunkt stehen; der nach strikten logischen Regeln verlaufende Duktus der Argumentation greift letztlich immer auf Sätze der Bibel zurück. Aber dieses Darstellen in Form von Fällen, nicht von Abstraktionen, diese Betonung des Persönlichen (wie ja besonders auch im Gottesbild) ist dem Talmud eigentümlich und ist wiederum erstaunlich dem psychoanalytischen Denken ähnlich. Auch für uns ist die Darstellung des Einzelfalls letztlich wichtiger und wertvoller als alle theoretischen Verallgemeinerungen. Entsprechend äußert sich Yigal Blumenberg im Hinblick auf Freuds »Traumdeutung«: »Was ist dieser Widerspruch anderes als der fundamentale Gegensatz zwischen dem antiken philosophisch-wissenschaftlichen Prinzip des Allgemeinen, das sich noch in der das Christentum tradierenden Aufklärung durchsetzt, und dem Vorrang des Einzelnen vor dem Allgemeinen, dem sich das Judentum verpflichtet weiß?« (1999).

Sicherlich gibt es im Talmud abstrakte Kategorien, die sich auf die logischen Operationen der Ableitung beziehen; doch läuft die Argumentation immer wieder auf den konkreten Fall hinaus.

Der Talmud wird zu Recht mit einem Meer verglichen. Sein Umfang ist gewaltig, der Stil eher lapidar und bedarf weiterer Kommentierung.

Das Äußerliche und das Innerliche

Nicht Macht, sondern Geist: Die *Antithese von Macht und Geistigkeit,* mit immer stärkerer Betonung der letzteren, bestimmte also schon die biblische Geschichte des Judentums. Als zunächst im Jahr 70 n. Chr. der zweite Tempel von den Römern verbrannt und der Opferdienst verunmöglicht wurde und dann, 65 Jahre später (nach der Revolution von Bar Kochba, des »Sternensohns«, 132–135 n. Chr.), auch das Betreten des zerstörten Jerusalem den Juden verboten worden war, verschob sich die ganze Religiosität auf Familie, Gemeinschaft und Lehrhaus und verinnerlichte sich damit ganz entschieden weiter.

In bezug auf die Familie heißt es schon in Deuteronomium 6,7: »und du sollst sie [die Gebote] deinen Kindern einschärfen«; »die Eltern sind die primären jüdischen Lehrer«, sagt Ismar Schorsch (Sukkot, 5759). Im Talmudtraktat Sukkah 42a heißt es entsprechend: »Sobald das Kind zu sprechen fähig ist, muß der Vater es in der Thora unterrichten und es lehren, das Sch'ma [das Gebet »Höre Israel«] zu sprechen.«

Ich glaube, daß bei dieser Kultivierung der Familienzusammengehörigkeit der Schabbat und die Feiertage den zentralen Raum einnahmen. Zwar gilt es auch für die weitere Gemeinschaft, aber die »heilige Zeit« des durch ein hoch differenziertes System von Geboten und Verboten geschützten Ruhetages stellte das in der Zeit vor, was zuerst die Bundeslade (der »Mishkan«, »die Stätte der göttlichen Einwohnung«, das Tabernakel, die Bundeslade) und dann später der Tempel im Raum bedeutete. Die Heiligkeit der geschützten Zeit bedeutete Zusammensein mit der Familie im Rituellen und im Lernen und Lehren.[35]

Der Altar des Tempels wandelte sich zum Familientisch. Am Ende des Talmudtraktats »Chagiga« (27a) steht: »Rabbi Jochanan und Resch Laqisch erklären beide: Zur Zeit, als der Tempel stand, diente der Tempel der Sühne für den Menschen. Jetzt aber ist es der Tisch des Menschen, der ihm zur Sühne dient.«[36] In dem Mischna-Abschnitt »Sprüche der Väter« (Pirqéi Avót, 34) heißt es: »Rabbi Schim'on sagte: Wenn drei an einem Tische gegessen haben und haben dabei keine Worte der Thora gesprochen, ist es, als hätten sie von Totenmählern gegessen (den Opferdiensten der Götter); so heißt es: Denn alle Tische sind voll ekelhaften Gespeies, kein Platz ist mehr frei [Jesaja, 28,8]. Wenn aber drei an einem Tische gegessen haben und haben dabei Worte der Thora gesprochen, ist es, als hätten sie vom Tische des Allgegenwärtigen gegessen. So heißt es: Er sprach zu mir: dies ist der Tisch, der vor dem Ewigen ist [Ezechiel 41,22].« Das Salz beim Segen über das Brot entspricht dem Salz bei jeder Opfergabe [Levitikus 2,13]. Es dient symbolisch als Schutz gegen Verderbnis und Fäulnis (Schorsch, 20.3.1999).

Besonders scharf beleuchtet die folgende Geschichte die Antithese von Werten. Als Rabbi Aqiva nach Rom ging, traf ihn ein Eunuch des Hofes und fragte ihn: »Du bist ein Lehrer (Rabbi) der Juden?« Er erwiderte: »Ja.« Jener sagte ihm: »Lerne drei Dinge von mir: wer auf dem Pferd eines Königs oder dem Esel eines freien Mannes geritten hat oder wer Sandalen an seinen Füßen trägt, ist es wert, ein Mensch genannt zu werden. Doch wer keine davon hat, steht niedriger als ein Mann, der im Grabe liegt.« Rabbi Aqiva antwortete: »Du hast drei Dinge erwähnt. Vernimm von mir drei andere Dinge an ihrer Stelle. Die Schönheit des Gesichtes ist der Bart, die Freude des Herzens ist ein Weib, und ›deine Kinder rings um deinen Tisch wie junge Ölbäumchen‹ (Psalm 128,3). Wehe dem Mann, der ohne diese drei Dinge ist!« Dann zitierte er gegen ihn den Vers (Prediger 10,7): »Ich habe Sklaven gesehen hoch zu Roß.« Als der Eunuch dies gehört hatte, rannte er seinen Kopf gegen die Wand und starb.[37] Das Wertsystem des Höflings gipfelt in Ehre und Erscheinung, das des Juden in der Familie.

Nun zum *Lernen und Lehren:* In den Pirqé Avót (»Sprüchen der

Väter«, einem Teil der Mischna), V, 24 (25) heißt es (im Namen von R. Jehuda ben Tema): »Ein Kind von 5 Jahren ist bereit für das Studium der Thora, mit 10 Jahren für das der Mischna.« Entsprechend war das Einrichten des Schulsystems schon vor der Zerstörung des Tempels ein ganz wichtiges Gebot. Diese Bedeutung des Lehrens und Lernens, gerade in seiner Wechselseitigkeit, erinnert an das Wort des Gelehrten Chanina: »Viel habe ich von meinen Lehrern gelernt. Mehr habe ich von meinen Kollegen gelernt. Doch von meinen Schülern habe ich am meisten gelernt« (Ta'anith 7a; derselbe Ausspruch wird in Makkot 10a Jehuda haNasi zugeschrieben). Unmittelbar vor diesem Ausspruch wird betont, daß man die Thora nicht allein lernen solle: »So wie Feuer nicht von einem Stück Holz allein entzündet werden kann, so können die Worte der Thora nicht von einem, der allein studiert, behalten werden. ... Doch so wie ein kleines Stück Holz ein großes entzünden kann, so können kleine Schüler das Denken der großen schärfen.«

Die Thora wird auch mit einem Lied verglichen, wird im Singen ausgedrückt und ist eine singende Lehre als Zeugnis: »Nun schreibt euch dieses Lied auf, und du lehre es den Kindern Israels, lege es ihnen in ihren Mund, damit das Lied mir zum Zeugen werde bei den Kindern Israels« (Deuteronomium 31,19). »Und in allem Unglück wird dieses Lied ihnen begegnen, als Zeuge, denn es wird niemals vergessen werden aus dem Mund ihrer Nachkommenschaft« (31,21). Wie eine Melodie kehrt dieses tiefe intime Wissen immer wieder zurück (Odenheimer 1999, S. 45).

»Moses war 80 Jahre alt, und Aaron war 83 Jahre alt, als sie mit dem Pharao redeten« (Exodus 7,7), also ihrer Berufung folgend, die Befreiung des Volkes aus der Sklaverei herbeizuführen: »Laß mein Volk ziehen, daß es mir diene!« Es waren also zwei Greise, deren Lebensaufgabe erst damit wirklich begann, ein Neubeginn des Wirkens im hohen Alter. Im »Prediger«, ebenfalls in der hebräischen Bibel, finden wir entsprechend das Wort: »Früh am Morgen säe deinen Samen, und bis zum Abend laß deine Hand nicht ruhen; denn du weißt nicht, was glückt, ob dies oder jenes, oder ob beides zugleich gelingt« (11,6). Im Talmudtraktat Jevamóth (62b) wird dieses Wort zunächst wörtlich als Gebot der Fortpflanzung genommen, nämlich Kinder und Großkinder im Alter zu haben, dann aber in der Bedeutung des Lehrens und des Lernens verstanden: »Rabbi

Aqiva sagte: ›Wenn ein Mann in seiner Jugend Thora studierte, soll er sie auch im Alter lernen. Wenn er Schüler in seiner Jugend hatte, soll er auch Schüler in seinem Alter haben.‹ Es wurde gesagt, daß R. Aqiva 12 000 Paare von Studenten lehrte. ... und sie alle starben dahin, da sie einander nicht mit Respekt behandelten. Die Welt war verzweifelt, bis Rabbi Aqiva [im Alter von 80 Jahren] zu unseren Lehrern im Süden kam und sie [und die Kinder] in der Thora unterrichtete«.[38]

Mit der Katastrophe des Jahres 70 wurde aus dem Volk, dessen Religion sich auf Land, Staat und Tempeldienst gründete, fast schlagartig das »Volk des Buches« (am haséfer): Zwar finden wir schon in Exodus, im Dialog zwischen Moses und Gott nach der Anbetung des Goldenen Kalbs, entsprechend das Bild eines Gottes des Buches: »Wer gegen mich gesündigt hat, den werde ich auslöschen aus meinem Buch [emchénnu missifrí]« (Exodus 32,33; vgl. Schorsch, 1.3.1997; ki tissá).

Doch mit dem Verlust von Land, Staat und Tempel wurde die wirkliche Heimat das geschriebene Wort, der Talmud der tragbare Staat, das Gebetbuch der Opferdienst.[39] »Jochanans [ben Zakkai, s. o.] Sargreise ist die symbolische Darstellung der Verwandlung, die mit dem Judentum geschah, als es aus einer Religion der Verkörperung zu einer Religion des Geistes und des Buches wurde. Juden starben als ein Volk des Körpers, des Landes, des Tempeldienstes von Blut und Feuer, und dann, in einer der großartigsten Übersetzungsakte der menschlichen Geschichte, wurden sie als das Volk des Buches wiedergeboren« (Rosen 1998).[40]

Sehr schön führt das Schorsch aus (im Komm. zu Pekudéi, 5670, 3.11.2000). Er geht vom Wort »Dvir« aus, das in der Bibel den »Hinterraum des Tempels« bezeichnet, »einen heiligen Bereich in Salomons Tempel, wo die Bundeslade aufgehoben wurde«. Nach der Zerstörung des zweiten Tempels wurde es metonymisch für die Thorarolle und damit für das Buch, das heilige Wort, gebraucht. Jetzt bezeichnete es ein »Refugium im heiligen Buch als wiederholte Antwort auf eine nationale Katastrophe«: »So erscheint das Deuteronomium (das 5. Buch Moses) in Jerusalem im Jahrhundert nach der Zerstörung von Samaria (dem nördlichen Reich, Israel, 722 v. Chr.) aufgrund von Ideen aus dem Norden. Die Thora nahm endgültige Form im babylonischen Exil an, nachdem 587 v. Chr.

der salomonische Tempel in Flammen aufgegangen war. Dasselbe gilt für das Gesamte der hebräischen Bibel, den T'nach, nach der Vernichtung des herodischen (zweiten) Tempels im Jahr 70 n. Chr. Ebenso ist es plausibel, die um das Jahr 200 redigierte Mischna als ein weiteres Beispiel einer literarischen Reaktion auf eine militärische Niederlage zu sehen, diesmal nämlich auf den vergeblichen Aufstand Bar Kochbas gegen Rom, der im Jahr 135 katastrophal geendet hatte. Als das Judentum die Kontrolle über seinen heiligen Ort verlor, drückte es sein Bewußtsein des Heiligen immer mehr in den Begriffen eines Buches aus, und diese Verwandlung befähigte es, das Schicksal des Exils zu bestehen. Das Heilige war nun tragbar. Die Gegenwart Gottes nahm nun die Form des geschriebenen Wortes an, das öffentlich vorgelesen oder privat überall studiert wird.« Dazu komme, daß die »Heiligkeit in Buchform die Samen der Demokratie trage.«

Eine ähnliche Auffassung von der Entwicklung der Mystik als parallel zu den großen Katastrophen verlaufend werde ich später geben.

Die ganze jüdische Kultur ist recht eigentlich eine *Kultur der Deutung*, eine auf der Heiligung des Wortes und dessen Ausdeutung beruhende Kultur.[41]

Diese Vergeistigung des Daseins, der Glaube an die *Transzendenz des Wortes* wird vielleicht in eindrücklichster Weise im folgenden Passus erfaßt: »Rabbi Chanina ben Teradion wurde während der hadrianischen Verfolgung wegen seines Thorastudiums zum Tode verurteilt. Als er mit seiner Frau und seiner Tochter auf den Richtplatz geführt wurde, rief er aus: ›Der Fels! Gerecht ist sein Tun, [denn all seine Wege sind Gerechtigkeit]!‹ Und seine Frau sagte: ›Ein Gott der Treue, ohne Falsch‹ (5. Moses 32,4 f.). ... Als er, eingehüllt in die Thorarolle auf dem Scheiterhaufen im Feuer stand, riefen ihm seine Schüler zu: »Was siehst du?« Er antwortete ihnen: »Das Weiße der Rolle verbrennt; doch die Buchstaben fliegen empor!« (gilajón nisrafín we'otiót porchót; Talmudtraktat Avodá Zará, 18a).[42]

Ganz ähnlich heißt es über die von Moses nach der Anbetung des Goldenen Kalbs zerschlagenen Bundestafeln: »Die Tafeln wurden zerschlagen, und die Buchstaben flogen empor« (luchót nischberú we'otiót porchót, Talmudtraktat, Pessachím 87b). Und in einer weiteren Vertiefung: »Es lehrt uns: Sowohl die [ganzen] Tafeln wie die Trümmer der Tafeln wurden in der Bundeslade niedergelegt« (melamméd: schehalluchót weschivré luchót munachín ba'arón, Talmudtraktat Bava Batra 14b; Komm. Rabbi J. Heller, zu Ekev, 19.8.2000). Das Geistige lebt weiter, aber auch das, was einst sein Träger gewesen ist, der Stein oder das Papier, das den Gottesnamen getragen hat, muß mit Ehrfurcht behandelt werden. (Dies wurde auch auf die menschliche Seele übertragen: Man solle auch den Menschen ehren, dessen Geist zerstört und ausgelöscht worden ist, denn die zertrümmerten Tafeln sind immer noch göttlich. Auch im Kranken muß die Würde des Persönlichen geschützt und behütet bleiben.)

Auf dieser Tradition des Lernens, wie sie sich im Riesenwerk des Talmud niederschlug, bauten sich zwei andere schöpferische Bewegungen der Deutung auf. Die eine ist die reiche Tradition des *Midrasch*, wörtlich »Kommentar«. Dabei handelt es sich um erzählerische Weiterdeutungen der biblischen Gedankenwelt. Die bedeutendste Sammlung von Midraschim ist der »Midrasch Rabba«, der ungefähr zur Spätzeit der Redaktion des Talmud, also im 7. Jahrhundert unserer Zeitrechnung in Babylonien verfaßt wurde. Aber Midrasch ist ein Genus der Deutung, das sich durch die Jahrhunderte weiterpflanzte.

Schließlich muß der mystischen Tradition gedacht werden. Ihre Ansätze lassen sich auf die frühe Zeit des Talmud zurückverfolgen, auf die Zeit der gnostischen Bewegungen des Spätaltertums und des frühen Christentums. Deren historische Beziehungen zur Gnostik, die zum Beispiel von Scholem sehr betont wurden, werden derzeit in Frage gestellt (s. Dan 1998a). Doch ihre hohe Zeit kam im Mittelalter, mit dem Beginn der *Kabbala,* das heißt »Überlieferung«. Das Hauptwerk der jüdischen Mystik ist der *Zohar*, eine formal dem Midrasch ähnliche Ausdeutung der Bibel durch den spanisch-jüdischen Gelehrten Mosche de León gegen Ende des 13. Jahrhunderts. Eine weitere Blüte der Kabbala war die Mystik von Itzchak Lurja in Z'fat (Safed), in Galiläa im 16. Jahrhundert. Ihre Hauptgedanken wurden vom Baal Schem Tov, dem Begründer des osteuropäischen Chassidismus, wiederaufgenommen und sowohl vertieft wie zu einer breite Schichten der armen Bevölkerung erfassenden mystischen ·Bewegung der gefühlsnahen Andacht und des Feierns der

Freude, der Selbstbesinnung und psychologischen Einsicht umgestaltet.

In der jüdischen Mystik wird das Konzept des Konflikts, das schon in der Ethik wie in der Dialektik des Talmud ganz bestimmend ist, zu einer metaphysischen Bewegung in Gott selbst weiterentwickelt – als Kampf wie als Komplementarität, als Streit wie als liebende Verschmelzung. Dabei wird der harten Logik des talmudischen Gesetzesstudiums eine sehr stark visuelle und mythopoetische Imagination, die manchmal sogar dem strikten Monotheismus zu widersprechen scheint, entgegengesetzt und dadurch eine stark affektive Note eingeführt. Ihr Studium wäre besonders auch von einem psychoanalytischen Gesichtspunkt aus faszinierend. Überhaupt wäre es lohnend, die ganze jüdische Ideen- und Wertewelt gerade unter diesen gewaltigen Gegensätzen von Talmud und Mystik, von Ethik und Imagination, von Vernunft und Affektivität, von Gesetz und Mythos zu betrachten.

Doch zusammenfassend gesagt, ist es wohl die religiöse Zentralbedeutung jener drei: der Familie, des Lernens und der Gemeinschaft, die das Überdauern der jüdischen Identität, aller historischer Wahrscheinlichkeit zum Trotz, ermöglicht hat. In anderen Worten: Pietät, Vergeistigung und Solidarität.

IV

Konflikt und Komplementarität im Über-Ich

Zurechtweisung und Schutz gegen Beschämung – Ausgestoßensein und transzendente Bestimmung – Liebe und Gerechtigkeit

Das Vorurteil ist (zu meinem Erstaunen sogar unter Psychoanalytikern) weitverbreitet, der jüdische Gott sei ein Gott der Rache, der des Christentums ein Gott der Liebe, heiße es doch im Judentum »Auge um Auge, Zahn um Zahn«, während »Liebe deinen Nächsten wie dich selbst« das Wesen des Christentums sei.

Befragt, was die ersten Gebote seien, antwortet Jesus: »Du sollst den Herrn, deinen Gott, lieben mit deinem ganzen Herzen und mit deiner ganzen Seele und mit deinem ganzen Denken« und »Du sollst deinen Nächsten lieben wie dich selbst« (Matthäus 22,37 f.). Das erste Gebot steht in Deuteronomium 6,5. Es ist in der Tat das berühmte Gebet, das mit den Worten beginnt: »Sch'má Jissraél, JHWH (adonái) elohénu, YHWH (adonai) echád – Höre Israel, Jahweh ist unser Gott, Jahweh ist einzig« – das Wort, das das Zentrum jedes Gebets ist, das letzte auch vor dem Sterben.

Das zweite Wort: »Liebe deinen Nächsten wie dich selbst – we'ahavtá lere'achá kamócha« (Levitikus 19,18), das statt der Thora oft dem Christentum allein zugeschrieben wird, wurde von Rabbi Aqiva als ein Grundprinzip der Thora anerkannt: »ze klal gadól batoráh«[43] – wie es der mittelalterliche Kommentator Raschi zitiert (Raschi ist Rabbi Schlom ben Jitzchaq, 1040–1105, der bedeutendste Kommentator von Bibel und Talmud, der in Troyes und in Worms wirkte).

Der Aufruf zur Nächstenliebe ist eingebettet in eine ganz erstaunliche Sequenz von ethischen Postulaten, erstaunlich besonders, wenn wir bedenken, daß sie schon zu Jesu Zeiten ungefähr

1000 (?) Jahre alt waren: dem anderen gegenüber gerecht zu sein, ihn ohne Ansehen des Ranges und der Stellung zu beurteilen[44], seine Schwächen nicht auszunützen noch ihn auszubeuten, mithin ihn nie als Ding und Sache zu behandeln, niemanden zu verleumden, den anderen nicht zu hassen und sich nicht an ihm zu rächen, noch nachträgerisch zu sein, also sich des Ressentiments zu enthalten (Levitikus 19,15–18).

Besonderer Aufmerksamkeit bedarf der Satz, der fast unmittelbar dem der Nächstenliebe vorausgeht: »Du sollst deinen Bruder nicht hassen in deinem Herzen; zurechtweisen sollst du (hochéach tochíach) deinen Nächsten und lade nicht seinethalben Sünde auf dich« (Levitikus 19,17). Dazu erklärt Raschi: »Beschäme ihn nicht in der Öffentlichkeit« (lo talbín et-panáw berabbím). Das heißt, eine beschämende Zurechtweisung ist eine Sünde.[45] J. Gellis führt weiter dazu aus: »Die Verpflichtung, den Anderen zurechtzuweisen, ist einzigartig im Judentum, denn seine Sünde würde auch auf mir lasten, wenn ich ihn nicht daran hindere; aber es muß in Liebe und Achtung geschehen: ›Du hast einen Balken zwischen deinen Augen und siehst den Splitter im Auge des anderen.‹« Dazu ist das genaue Zitat (Talmudtraktat Arakin, 16b): »Rabbi Tarfon sagte: ›Ich frage mich, ob es jemanden in dieser Generation gebe, der Zurechtweisung annähme; denn wenn man ihm sagt: Beseitige den Splitter zwischen deinen Augen, würde er antworten: Beseitige den Balken zwischen deinen Augen.‹ Rabbi El'azar ben Azariah sagte: ›Ich frage mich, ob es auch nur einen in dieser Generation gebe, der wüßte, wie man zurechtweise.‹«

Jakob Gellis fährt fort: »Wo Liebe ist, da ist zwar auch Zurechtweisung notwendig, doch immer so, daß auch das Selbstgefühl des Anderen nicht verletzt wird, daß man ihn also nicht beschämt. Denn man ist zugleich für den Anderen mitverantwortlich (Din Arevut): einer bürgt für den anderen. Weist man den Anderen nicht zurecht, lädt man die Mitschuld auf sich. Es ist hier ein ganz klares *Dilemma zwischen Scham und Schuld*«, und damit etwas, das ganz ins Zentrum des psychoanalytischen Studiums des Über-Ich gehört und, wie wir wissen, auch therapeutisch überaus bedeutsam ist. Die Mahnung der Rücksicht vor Verletzung des Anderen erinnert auch an das Wort in Matthäus 7,1: »Richtet nicht, damit ihr nicht gerichtet werdet.«

Wenig danach in Levitikus kommt das ebenso bedeutsame Gebot: »Wenn ein Fremdling bei dir wohnt in eurem Lande, so sollt ihr ihn nicht bedrücken. Wie ein Einheimischer aus eurer eigenen Mitte soll euch der Fremdling gelten, der bei euch wohnt, und du sollst ihn lieben wie dich selbst – seid ihr doch auch Fremdlinge gewesen im Lande Ägypten« (Levitikus 19,34).

Im Deuteronomium heißt es noch prägnanter: »Liebet den Fremden (we'ahavtém et-haggér), denn Fremde seid ihr gewesen im Lande Ägypten«, und hier in der Thora ist es nun wirklich der Fremdling, der inmitten des Volkes lebt und damit des besonderen Schutzes bedarf. 1000 Jahre später, zur rabbinischen, das heißt talmudischen Zeit, bedeutet »ger« den Proselyten, den also, der zum Judentum übergetreten ist und der des besonderen Ansehens, der besonderen Anteilnahme und des besonderen Schutzes gegen Beschämung und Ausbeutung bedarf (vgl. Kommentar zu Acharei-Mot – Kedoschim von Judith Hauptman, 9.5.1998; s. u.).

Das Exil, Galuth, das Fremdsein selbst ist ein Grundzug der menschlichen Existenz: »dans un univers soudain privé d'illusions et de lumières, l'homme se sent un étranger. Cet exil est sans recours puisqu'il est privé des souvenirs d'une patrie perdue ou de l'espoir d'une terre promise« (Camus 1942/1986, S. 20).

Die Selbstentfremdung des Menschen, das Exil von sich selbst, ist eine Metapher für die grundlegende Konfliktbeherrschtheit der menschlichen Seele und damit der ganzen entzweiten, fragmentierten Existenz des Menschen. Wir werden später dafür ein mächtiges kabbalistisches Symbol, »das Zerbrechen der Gefäße«, und die Auffassung vom Exil Gottes von sich selbst im Bild der Versprengung der göttlichen Funken in der Lurjanischen Kabbala antreffen. Hier begegnet wiederum die Psychoanalyse einer philosophisch-mystischen Grunderfahrung des Judentums (s. dazu Drob 2000, S. 28).

Das Judentum lebt aber in dieser Polarität von radikaler Heimatlosigkeit, dem Ausgestoßensein, und dem Vertrauen auf eine transzendente Bestimmung. Das bedeutet aber auch: Der Fremde, der Ganz-Andere, bedarf besonderer Achtung, Beschützung und Rücksicht.[46]

Zu Beginn des Seders am Pessachfest werden von den Teilnehmenden die Sederplatte und die Matzen emporgehoben und das aramäische Lied des »Ha láchma ánja« gesungen: »Seht, welch armseliges Brot unsere Väter im Lande Ägypten gegessen haben. Wen es hungert, der komme und esse; wer es bedarf, der komme und halte Pessach; dieses Jahr hier, künftiges Jahr im Lande Israels; dieses Jahr dienstbar, künftiges frei.« Es ist das ständige Gedenken an das Fremd-, Untertan- und Außenseitersein, das den Fremden ebenso achten läßt wie den Genossen und das Selbst. Die Vernichtung der ägyptischen Verfolgung wird gefeiert; doch zugleich wird die Vernichtung der Feinde als Menschen betrauert, indem bei der Nennung jeder der zehn Plagen ein Tropfen Wein verschüttet wird als Zeichen der Wehmut. Es heißt im Midrasch, daß Gott die Engel rügte, als diese ihre Freude über das Ertrinken der Ägypter im Meer bekundeten: Wie könnt ihr jubeln, wenn meine Geschöpfe vernichtet werden? »Die Werke meiner Hände ertrinken in der See und ihr wollt singen?« (Talmudtraktat Sanhedrin, 39b).

Ägypter können Teil Israels werden, denn Israel war lange ihr Gast gewesen: »Ihr sollt nicht Steine in die Quelle werfen, von der ihr getrunken habt«, heißt es in Talmudtraktat Jevamót, 77b (Schorsch, Komm. zu Schabbat Sch'mot, 9. 1.1999).

Ein auf Aristoteles zurückgehendes Wort heißt: »Liebe heißt: Ich will, daß du bist.« Es entspricht, als philosophische Feststellung, dem schon erwähnten Grundgebot der Thora: »Liebe den Anderen wie dich selbst.« Im 8. Jahrhundert vor unserer Zeitrechnung sagte der Prophet Micha: »Verkündet ist es dir, Mensch, was gut ist und was Gott von dir verlangt: nur *Gerechtigkeit* (mischpat) zu üben und Verbundenheit (chessed = *Loyalität, Gemeinschaft, Solidarität*) zu lieben und in Bescheidenheit zu wandeln vor deinem Gott« (6,8).[47] Gütig zu sein, Gutes zu tun (gemilúth chassadím) wirkt wie ein Kontrapunkt.

Entsprechend heißt es in Jeremia: »Dessen rühme sich, wer sich rühmen will: einsichtig zu sein und mich zu erkennen, zu wissen, daß ich JHWH es bin, der Liebe [vielleicht genauer: Solidarität, Treue], Recht und Gerechtigkeit auf Erden übt – ki aní JHWH osséh chéssed, mischpát utz'daqá ba'áretz« (Jeremia 9,24).

Was hat es schließlich mit jenem Ausspruch aus Exodus 21,24, »Auge um Auge, Zahn um Zahn«, auf sich? Zunächst ganz einfach dies: In den meisten Kulturen wurde und wird das Rechtssystem auf einer übersteigerten Rache aufgebaut. Ein typisches Beispiel:

Im 18. Jahrhundert wurde ein Dienstmädchen in Frankreich hingerichtet, weil es Silberlöffel seiner Herrschaft gestohlen habe. Der Diebstahl stellte sich später als die Tat einer Elster heraus. Rossini benutzte die Geschichte für seine Oper »La gazza ladra – Die diebische Elster«. Hier besteht ein groteskes Mißverhältnis zwischen Vergehen und Strafe. Noch heute werden in manchen islamischen Staaten Eigentumsverbrechen mit Amputation von Gliedmaßen, sexuelle Vergehen mit schwersten Körperstrafen oder dem Tod geahndet. Jenes biblische Postulat bedeutet: Ahnde ein Verbrechen gegen ein Auge nur mit einer Strafe, die im Wert dem eines Auges entspricht. Dazu gibt es im Talmudtraktat Bava Kamma (83b) ausführliche Erörterungen, die mit den Worten beginnen: »Warum [Wiedergutmachung zahlen]? Heißt es nicht ein Auge für ein Auge? Warum soll man dies nicht buchstäblich nehmen und das Auge selbst meinen? Laß dir dies nicht in den Sinn kommen! ... Es handelt sich um die Bezahlung von Wiedergutmachung (taschlumín).« Ebenso heißt es dann bei Raschi, dem maßgeblichen Kommentar aus dem Mittelalter: »Wenn man das Auge seines Nächsten geblendet hat, muß man ihm den Wert des Auges zahlen (notén lo d'mé enó), das heißt, man zahlt ihm soviel, um wieviel sein Wert vermindert worden wäre, hätte man ihn als Knecht auf dem Markt verdingt; und dasselbe gilt in Hinsicht auf alle anderen (Körperschädigungen); aber es bedeutet nicht die Wegnahme eines Glieds selbst (weló n'tilát éver mamásch).«

Das Argument gegen die wörtliche Auslegung stützt sich auf andere Sätze in der Thora, wo es klar um Kompensation, nicht um Vergeltung durch Verstümmelung geht. Die Ausnahme ist die Todesstrafe für den Mörder; doch diese wird so massiv erschwert, daß sie nur sehr selten gefällt wurde, solange der Staat bestand, und, so weit ich weiß, nicht mehr nach dessen Zerstörung.

Auch dies kann in einem tieferen geschichtlichen Gegensatz gefaßt werden: Nicht, daß es ursprünglich vielleicht um die wörtliche Auslegung gegangen wäre. Aber der Fortschritt innerhalb des biblischen Judentums geht unverkennbar von einem Gottesbild, in dem der Vergeltungsgedanke überwog, zu einem, bei dem es um Gerechtigkeit und Barmherzigkeit, nicht um Rache ging. Die Propheten im achten bis sechsten vorchristlichen Jahrhundert sind die Verkünder des letzteren, ausgewogeneren Wertgefühls. Die Bruchlinie zwischen alter Moral und neuer Moral, mit der Betonung von Reue und Umkehr, zieht sich direkt durch das Buch Jona.[48]

Die Dualität von Liebe und Gerechtigkeit wird in den folgenden Ausdeutungen der Schöpfungsgeschichte angesprochen; zugleich stellen sie die vernichtende Absolutheit des inneren Richters, des archaischen Über-Ich, radikal in Frage. In der ersten Schöpfungsgeschichte (Genesis 1,1) heißt es: »Gott, Elohim, schuf Himmel und Erde.« Der Gottesname Elohim stehe für Gott als Richter (»elohim« wird wirklich später in der Thora auch für menschliche Richter gebraucht) »nach dem Maß der Gerechtigkeit« (bemiddát haddín, nach Raschi), während es in der zweiten Schöpfungsgeschichte (2,4) JHWH Elohim heißt. JHWH stehe für Barmherzigkeit (rachamim). Raschi erklärt dazu: »Er sah, daß die Welt nicht Bestand hätte, wäre sie nur nach dem Maß der Gerechtigkeit. Er gab dem Maß des Erbarmens den Vorrang und verband es mit dem Maß des Rechts.«

Dazu (und zur selben Stelle Genesis 2,4) gibt es den folgenden Midrasch (Midrasch Rabbah, Genesis 12,15): »JHWH Elohim: Dies ist wie ein König, der leere Gläser hatte. Es sagte der König: ›Wenn ich heißes Wasser in sie gebe, brechen sie. [Gieße ich] kaltes [hinein], brechen sie.‹ Was tat der König? Er mischte das warme mit dem kalten und füllte sie, und sie blieben bestehen. Also sprach der Heilige, gepriesen sei er: Schaffe ich die Welt in der Dimension der Barmherzigkeit, werden ihre Sünden groß sein. [Schaffe ich sie] in der Dimension des strengen Rechts, wie kann die Welt bestehen? Doch ich erschaffe sie auf Grund von Recht und auf Grund von Barmherzigkeit, auf daß (wehalwai!) sie bestehen bleiben wird!«[49]

Doch dies ist dabei ganz wesentlich: das jüdische Gottesbild, so wie es sich entwickelt hat, ist nicht das eines Gottes der Rache, sondern eines *Gottes der Personhaftigkeit und des Individuellen, der Verpflichtung und der Verantwortlichkeit und der Gerechtigkeit.*

Und zum unausrottbaren Vorurteil ist zu sagen: »Die Einsichtigen werden verstehen – hammaskilím javínu« (Daniel 12,10) und die anderen nicht.

Die Bedeutung des Anderen und das Selbstsein

Jenem positiven Gebot in Levitikus 19,18 entspricht sein negatives Gegenstück. Was meine ich damit? Eine kleine Geschichte aus dem Talmud antwortet: Kurz vor der Lebenszeit von Jesus gab es zwei große Ethiker, die systematisch, philosophisch, obzwar nicht persönlich miteinander im Konflikt standen: den sehr rigorosen, strikt traditionalistischen Schammai und den freieren, mehr auf den Geist der Tradition und des Gesetzes ausgerichteten Hillel (60 v. Chr. – 10 n. Chr.). Jesus steht übrigens sehr wohl in der Wertetradition von Hillel. Die Diskussionen der von ihnen abgeleiteten Schulen bestimmen viele Kontroversen in der Mischna, wobei die Entscheidung gewöhnlich zugunsten der Schule Hillels ausfiel. »Es geschah, daß ein Heide vor Schammai trat und ihm sagte: ›Mache mich zum Proselyten, unter der Bedingung, daß du mich die ganze Thora lehrst, während ich auf einem Bein stehe.‹ Dieser jagte ihn mit der Baumeister-Elle, die er in der Hand hatte, davon. Als jener vor Hillel trat und ihn bat, ihn zum Proselyten zu machen, antwortete dieser: ›Was dir verhaßt ist, füge nicht dem Anderen zu. Das ist die ganze Thora. Alles andere ist Auslegung davon. Geh und lerne!‹« (Schabbat, 31a).

Andere Aussagen Hillels bekräftigen diese tiefe Komplementarität. Hillel »sagte: ›Gehöre zu den Schülern Aharons, der den Frieden liebt und dem Frieden nachjagt, der die Menschen liebt und sie zur Lehre führt.‹ Er pflegte zu sagen: ›Wer seinen Namen aufbläht, verliert seinen Namen. Wer nicht wächst, stirbt ab; wer nicht lernt, verdient zu sterben; und wer die Krone (der Lehre) ausnützt, vergeht. Er pflegte zu sagen: Wenn ich nicht für mich bin, wer ist für mich? Und wenn ich nur für mich bin, was bin ich? Und wenn nicht jetzt, wann?‹«[50]

Dieser Gedankengang erinnert an das schon zitierte Wort Goethes von der Ehrfurcht vor sich selbst. Gemeint ist ein Selbstsein, das offenkundig nicht Egozentrizität und Größenanspruch, also ungebändigten Narzißmus bedeutet, dessen eine Wurzel wir in Hilflosigkeit, Scham und Ressentiment finden, sondern die Achtung vor dem eigenen schöpferischen Potential, den eigenen besten Fähigkeiten, Idealen und Werten, also dessen, was die Strukturtheorie als Ich-Ideal erkennt.

Im Namen der Schule Hillels heißt es weiterhin in einem anderen

Traktat: »Wer sich selbst erniedrigt, ihn erhöht der Heilige; und wer sich selbst erhöht, ihn erniedrigt der Heilige. Wer die Größe umwirbt, vor ihm flieht Größe; und wer vor der Größe flieht, Größe umwirbt ihn. Wer die Zeit bedrängt, den bedrängt Zeit. Wer vor der Zeit zurückweicht, dem steht Zeit bei.«[51]

In Deuteronomium 5,5 sagt Moses: »Ich stehe zwischen Gott und euch ... denn ihr hattet Angst vor dem Feuer.« Rabbi Moshe Eliakim deutet das Wort um: »Das Ich steht immer zwischen Gott und uns« (Komm. R. Seymour Essrog, Balt. Jew. Times, 23.7.1999, S. 35).

So bedarf es immer des Gleichgewichts von Selbstbezogenheit und Verbundenheit, von Gerechtigkeit für den anderen wie für die eigene Person, von Objektbeziehung und von Narzißmus oder, in Goethes Worten, Ehrfurcht vor dem anderen und Ehrfurcht vor sich selbst.

Ressentiment gegen Verzeihung

Ich sprach im I. Kapitel schon über die tiefe psychodynamische Bedeutung des Ressentiments und dessen verheerenden sozialen Folgen.

Melvin Lansky hat eine Arbeit (1999) geschrieben über den tiefen Gegensatz in Shakespeares »Der Sturm« zwischen dem Groll, der nicht verzeihen will (»unforgiveness«), und der Bereitschaft, auch dem nicht bereuenden Gegner die eigene Beschämung und Erniedrigung zu verzeihen (»forgiveness«), und zwar als inneren Konflikt in der Figur des Prospero.

Ich habe diese Antithese durch zwei sich schroff entgegenstellenden Erzählungen früher erwähnt. Die eine betrifft Bar Qamtza, der seine Kränkung dadurch ahndet, daß er Jerusalem an den römischen Kaiser verrät und damit den Untergang der Stadt und des Staates herbeiführt, eine Erzählung, die mit den Worten des Rabbi El'asar schließt: »Komm und sieh wie groß die Gewalt der Scham ist, denn so hat Gott die Seite von Bar Qamtza ergriffen, sein [eigenes] Haus zerstört und seinen Tempel verbrannt!« (Gittin, 57a). Dieser talmudischen Geschichte gegenüber steht der Midrasch von Rachel, die ihre eigene Eifersucht unterdrückt und Gott auffordert, mit Verzeihung statt Ressentiment zu handeln (beide sind zitiert in Wurmser 1999, S. 53 f.; S. 319 f.).

Die Rolle von Verzeihung und, damit einhergehend, von Reue ist in der jüdischen Tradition wie in dem Schrifttum sehr wichtig. Ein gutes Beispiel ist die Josephgeschichte.

Im Talmudtraktat Berachot (55a) steht: »Weshalb starb Joseph vor seinen Brüdern? Da er sich hochmütig verhalten.« Seine Arroganz bekundigte sich in seinen Träumen, seinem Sonderverhältnis zum Vater, seinem Sich-Aufspielen als Liebling. Doch in der zwiefachen tödlichen Bedrohung und Erniedrigung, beide Male durch maßlose Eifersucht von anderen herbeigeführt, und durch seine Not und sein Leiden, zuerst in der Grube, später im Gefängnis, wandelt sich sein Charakter. Wie er sich seinen Brüdern gegenüber sieht und an ihrer Reaktion auf die Bedrohung Benjamins erkennt, wie sie sich in Reue in der Tat verwandelt hatten, verzeiht er ihnen weinend. Nach dem Tod ihres Vaters Jakob bitten sie ihn: »Verzeih uns die Sünde – sa na leféscha!« (Genesis 50,17). Er antwortet ihnen weinend, zwar haben sie wohl Böses gegen ihn erdacht, doch habe Gott es zum Guten gewendet. Wie könne er, Joseph, sich an den Platz Gottes drängen? Vielmehr werde er sie und ihre Kinder ernähren und unterstützen. Und Raschi zitiert dazu aus dem Traktat »Megilla« (16b) als Worte Josephs: »Zehn Lichter vermochten nicht, ein Licht auszulöschen. Wie vermöchte dann ein Licht zehn Lichter auszulöschen?« Versöhnung bedurfte der Läuterung, nicht einfach des Vergessens (Schorsch, Miqetz, 11.12.1999).

Weinen ist, nach dem Zohar, ein Ausdruck des Tiefsten in der Seele, »umqa de'umqa« (S. Riskin, zu Wajechi, Jerus. Post, 24.12.1999). Im Traktat zum Jom Kippur, dem Versöhnungstag, (Joma, 23a) heißt es als Wort von Raba, wer anderen verzeihe, dem werde verziehen (wörtlich: »Wer auf seine Maße [Rechte auf Vergeltung, im Sinn von Maß für Maß] verzichte, dem werden alle seine Vergehen verziehen«).[52]

»Verfehlungen, die zwischen dem Menschen und Gott stehen, sühnt der Versöhnungstag. Verfehlungen, die zwischen dem Menschen und seinem Nächsten stehen, sühnt Jom Kippur nicht, bis er seinen Nächsten zufriedengestellt hat.«[53] Später heißt es in der Diskussion, der Gemara, dazu: »Es sagte Rabbi Jose bar Chanina: Jeder, der von seinem Nächsten Verzeihung erbittet, muß ihn nicht mehr als dreimal bitten«.[54]

Verzeihung und Reue gehören also zusammen, und man muß dem, der die letztere dreimal bekundet, verzeihen. Doch wie steht es mit dem Ausspruch von Jesus, als er gekreuzigt wurde: »Vater, vergib ihnen, denn sie wissen nicht, was sie tun!« (Lukas 23,34)?

Im Zusammenhang mit dem oben schon zitierten Wort von Raba: »Wer verzeiht, dem wird verziehen«, wird im Talmudtraktat Rosch haSchana 17a erzählt: »Rav Huna bar Rav Jehoshua wurde krank. Rav Papa erkundigte sich nach ihm und sah, wie schwer krank er war. Er sagte, man solle ihn für die Reise (zum Tod) rüsten. Schließlich erholte er sich doch. Rav Papa schämte sich, ihn zu besuchen. Er [R. Papa] fragte ihn: Was hast du gesehen [in deiner Krankheit]? Er antwortete: Es war so, wie du dachtest, aber der Heilige, gepriesen sei er, sagte ihnen [den Engeln]: Da er nicht auf seinen Rechten besteht, schonet ihn, denn es heißt (Micha 7,18): ›Er verzeiht die Sünde und geht hinweg über die Verfehlung.‹ Wem wird die Sünde verziehen? Wer die Verfehlung verzeiht.«

Ganz, wie es Jesus sagte, heißt es auch, man solle Gott darum beten, dem Sünder zu verzeihen, ehe dieser um Verzeihung gebeten habe (bei Maimonides, Yad Teschuva 2,10; Tosefta Bava Kamma, 9;29; etc; aus: Jew. Encyclopaedia, »Forgiveness«). Aljoša Karamasow zitiert Sósima: »Wer die Menschen liebt, der liebt auch ihre Freude. ... Alles, was wahr und schön ist, ist immer voll Allvergebung (vseprošćénije)« (russ. Ausg., S. 391).

Doch erregen sich auch, gerade aus unserer psychoanalytischen Sicht, Bedenken gegen eine solche umfassende Verzeihungsbereitschaft. Wie viel Aggression wird hinter einer Fassade der Unterwürfigkeit verborgen? Wie weit wird besonders die geforderte pauschale Verzeihung als heuchlerisches Postulat gegen den Anderen benutzt? Wie kann man dem Massenmörder, der nicht bereut, verzeihen? Im Grunde kann man nur das verzeihen, was einem selbst angetan wurde.

Dennoch ist das Wort von Jesus ein gewaltiger Ausdruck der Bereitschaft, Böses mit Gutem zu vergelten, wie es im Zohar von einem Mann heißt, der Frieden macht mit jedem, der ihm geschadet hat, Böses mit Gutem entgelte und allen verzeihe, die es bedürfen. »Du bist größer als Joseph, sagt R. Abba. Er vergab seinen Brüdern, aber du vergibst auch den Fremden« (Zohar, I, 200 f., zit. n. Neuman u. Spitz 1945, S. 131).

»Wo bist du – ajekka?« – Identität gegen Gerechtigkeit, Scham gegen Schuld

Nachdem Adam und Eva vom Baum der Erkenntnis von Gut und Böse gegessen hatten, rief Gott Adam und fragte: »Wo bist du – ajékka?« Natürlich wußte Gott, wo Adam war, sagt Raschi, doch stellte er die Frage, um einen Dialog mit ihm zu beginnen (likanéss immó bidvarím), damit Adam durch die plötzliche Bestrafung nicht überwältigt würde. Unmittelbar darauf folgt Adams Antwort: »Deine Stimme hörte ich im Garten, und ich hatte Angst, denn ich bin nackt, und ich verbarg mich.« Raschi kommentiert dazu: »Woher ist dir das Wissen gekommen, was für Scham darin besteht, nackt dazustehen?« Die Frage: »Wo bist du, Mensch?« ist also eingebettet in die *Entdeckung des Schamgefühls*. Doch heißt es ganz ähnlich nach dem Mord von Kain an Abel: Gott fragte Kain: »Wo ist dein Bruder Abel?« Raschi bemerkt dazu: »Um ihn zu Besinnung zu bringen, damit er sage, ich habe gesündigt – chatatí.« Hier ist es die Frage von *Sünde und Schuld*.

Wo bist du? Es ist die *Verantwortung für die eigene Identität und Integrität*. Wo ist dein Bruder? Es ist die *Verantwortung dem Anderen, dem Nächsten gegenüber*: »Steht es nicht geschrieben [Levitikus 26,37]: ›. . . und jeder wird über seinen Bruder stolpern‹? Jeder [wird leiden] unter der Sünde seines Bruders. Das lehrt, daß *alle füreinander bürgen* (daß der eine für den anderen verantwortlich ist). So ist es, wenn es in ihrer Macht gelegen wäre, [gegen Ungerechtigkeit] zu protestieren, und sie haben nicht protestiert« (Talmudtraktat Sanhedrin, 27b).[55] Die Urschuld ist hier der Brudermord und wird zum Bruch der Verantwortung dem Anderen gegenüber.[56]

Damit haben wir die große (für die Über-Ich-Analyse kardinale) Polarität in unserem Gewissen zwischen einer Skala von Würde und Scham und einer Skala von liebender Sorge für den Anderen und Schuld.

Ähnlich stehen sich in der Gemeinschaft zwei hohe Prinzipien gegenüber: die Wahrung der eigenen, die Jahrtausende überdauernden *Identität* und die *Gerechtigkeit,* genauer: die in der Solidarität wurzelnde Gerechtigkeit, und damit die *Menschlichkeit* überhaupt.

Die Vermeidung der Demütigung des Anderen nimmt eine ganz besonders hervorragende Stellung in der Ethik des Talmud ein. So wird in dem das Gerichtswesen abhandelnden Traktat »Sanhedrín« (11a) eine Reihe von Vorkommnissen beschrieben, wo ein Weiser Erniedrigung auf sich nimmt, um sie anderen zu ersparen: Bei der Beratung zur Ansetzung des Schaltjahrs unter dem Vorsitz von Rabban Gamliel, dem Urenkel von Hillel, stellten sich statt der ungeraden Zahl von sieben acht ein. Gamliel fragt, wer hier ohne Erlaubnis anwesend sei. Der Gelehrte Schmuel haKatan (Samuel der Kleine) antwortet: »Ich kam uneingeladen ins Obergeschoß herauf, um mehr über das Verfahren zu lernen.« Er nahm die Übertretung auf sich, um einem Anderen die Beschämung zu ersparen. Dann wird erzählt, wie Rabbi Jehuda haNasi sich darüber ärgerte, daß einer der anwesenden Schüler Knoblauch kaute: »Wer immer es sei, der Knoblauch aß, soll sogleich den Raum verlassen.« Rabbi Chija erhob sich und ging aus dem Zimmer, und aus Respekt für Rabbi Chija erhoben sich die anderen und verließen ebenfalls das Zimmer. Am folgenden Morgen fragte Rabbi Schim'on, Sohn von Rabbi Jehuda, Rabbi Chija: »Warst du wirklich der, der den Vater belästigte?« Rabbi Chija antwortete: »Nie soll so etwas [eine solche Tat des fehlenden Respektes] in Israel geschehen.« Dann wird auf eine ältere Geschichte zurückgegriffen, wo eine Frau zur Akademie von Rabbi Meir kam und sich darüber beklagte, daß einer der Leute in der Akademie sie die Nacht zuvor sich durch Geschlechtsverkehr angetraut und sich dann aus dem Staub gemacht habe. Um niemanden in Verlegenheit zu bringen und die Frau von dem Makel und der Heiratsunfähigkeit zu befreien, stand Rabbi Meir selbst auf und schrieb für die Frau einen Scheidungsbrief und gab ihn ihr.[57]

Auch zum Thema der Schuldgefühle läßt sich ganz Bedeutendes hinzufügen. So oft sehen wir in unserer klinischen Arbeit, wie man das Denken, Fühlen und Wünschen ebenso scharf verurteilt wie das Handeln, daß die große Grenze der Schuldhaftigkeit innerseelisch ist und nicht zwischen der Innenwelt und dem Handeln gegen außen. Die Folge sind überwältigende Schuldgefühle, die oft unauflösbar scheinen und auch die analytische Arbeit enorm erschweren.

Nun gibt es ganz am Ende des Talmudtrakts »Chullin« (142a) ein bedeutsames Wort: »Gott rechnet den bösen Gedanken nicht gleich wie die Tat« (machschavá ra'á en haQódesh baruch hu metzarfá lema'asséh; wörtlich: »fügt zusammen, kombiniert mit«). Was zählt, ist Handlung, nicht der Gedanke. Verwandt damit ist die Auseinandersetzung im Christentum zwischen Paulus und Jakobus, wenn der letztere betont, daß die Werke ebenso wichtig wie der Glaube seien (Jakobus 2,24).

Für das Judentum gibt es entscheidenderweise keine Erbsünde, keine Urschuld, die wegen Adam auf der Menschheit lastet, und damit ist es auch nicht nötig, auf die göttliche Gnade als Mittel der Erlösung von dieser Schuldenlast zu bauen und damit der Zentralität des Glaubens zu bedürfen, wie das namentlich Paulus getan hat. An deren Statt ist es im spätbiblischen und vor allem im rabbinischen Judentum die Wichtigkeit der *Reue,* der *T'schuvá,* (wörtlich) der *»Umkehr«,* der *Wiedergutmachung*, die die je individuelle Schuld zu sühnen sucht, damit diese vergeben werde (Schorsch, Komm. Noach, 16.10.1999). Dieser Prozeß der Sühne gipfelt im Versöhnungstag, dem Jom Kippur, ist aber im Grunde ein täglicher Vorgang, und einer, der sich viel mehr im Mitmenschlichen als zwischen Mensch und Gott abspielen soll.

Reue wird von den Propheten immer wieder, in mancherlei Metaphern, als das Wichtigste betont. Im Talmudtraktat Pessachím 54a ist zu lesen, die Reue sei eines der Dinge gewesen, die noch vor der Welt erschaffen worden seien. Im Midrasch zum Hohelied (Midrasch Rabba, Schir haSchirim, 5,2,2) heißt es im Namen von Rabbi Jassa: »Der Heilige sagt Israel: ›Meine Söhne, tut mir eine Öffnung der Reue auf [so eng] wie ein Nadelöhr (oder: wie eine Nadelspitze), und ich öffne euch Tore, durch die Wagen und Kutschen fahren können‹«.[58]

Ehre und Scham im Talmud

Das folgende übernehme ich (mit kleinen Modifikationen) aus meinem Buch »Die Maske der Scham« (1990).

In »Die zerbrochene Wirklichkeit« (1989) habe ich in manchen Zusammenhängen Ausschnitte aus dem Talmud gebracht. Die meisten dieser Zitate beziehen sich auf die zentrale ethische Rolle der Ehre und Würde, und damit der Beschämung des Anderen als hervorstechender Sünde, »das Erblassenlassen des Gesichts des Anderen bei den vielen« (hammalbín pnei chaveró berabbím). Ein ganzer sich auf eine Mischna beziehende Abschnitt der Gemara ist diesem Thema gewidmet (Bava Metzia, 58b–59b), und zwar unter dem Stichwort *Ona'áh bidvarím*, das als »Verletzung durch Worte, Kränkung, Verwundung der Gefühle, Beschämung« übersetzt werden kann, parallel zum allgemeineren Begriff der *Ona'ah*, nämlich in bezug auf finanzielle, materielle und rechtliche Formen der Übervorteilung. Im Mischna-Abschnitt wird es eigens ausgeführt: »Wie es eine Rechtsverletzung (Ona'ah) beim Kaufen und Verkaufen gibt, so gibt es eine Verletzung durch Worte (Ona'ah bidvarim). Man darf den anderen nicht fragen: ›Was kostet dies Ding?‹, wenn man es nicht wirklich kaufen will. Wenn jemand etwas Vergangenes bereut, soll man ihm nicht sagen: ›Erinnere dich deiner früheren Taten‹. Ist der andere ein Sohn von Konvertierten, soll man ihm nicht sagen: ›Gedenke der Taten deiner Vorväter!‹ Denn es steht geschrieben: ›Einen Fremdling sollst du nicht bedrücken [lo-tonéh] noch bedrängen; ihr seid ja auch Fremdlinge gewesen in Ägypten.‹ [Exodus 22,20]«. Das hier gebrauchte Wort »toneh« ist aus der Verbwurzel »janah« abgeleitet: »bedrücken«, und aus dem selben Stamm kommt »Hona'á« oder »Ona'áh«, »Betrug, Sich-Vergehen an jemandem«.

In der Diskussion dieser Mischna, eben der »Gemara« dazu, wird ausgeführt, daß es sich bei all diesen um Vergehen durch Worte handle, namentlich im ersten Beispiel (Vorspiegelung falscher Absichten), gerade da dieses »nur im Herzen bekannt« sei: »massúr lalév«, »dem Herzen anvertraut«, also Gott allein mit bekannt sei, wovon es denn heiße: »[So übervorteile denn keiner seinen Nächsten, sondern] fürchte dich vor deinem Gott« (Levitikus 25,17).

Die Gemara fährt fort: »Rabbi Jochanan sagte im Namen von Rabbi Schim'on ben Jocha'i: ›Verletzung durch Worte ist ein größeres [Verbrechen] als Betrug durch Geld.‹« Denn dabei werde die Person selbst verletzt, nicht nur sein materielles Gut. »Ein Gelehrter sagte vor Rav Nachman bar Jizchak: ›Wer den anderen öffentlich beschämt, handelt, als ob er Blut vergösse.‹« Rabbi Nachman bestätigte dies: »Das hast du gut gesagt, ich habe gesehen, wie dabei die Röte weicht und die Blässe eintritt.«[59]

»Abaje fragte Rabbi Dimi: ›Wovor hütet man sich im Westen?‹«
(in Palästina). »Davor, die Gesichter zum Erblassen zu bringen«,
das heißt die anderen zu beschämen.

Im Fortgang werden weitere Zitate gebracht, die diesen Standpunkt unterstützen: »Wer seinen Nachbarn (den Anderen) beschämt, hat keinen Anteil an der kommenden Welt«; die Beschämung eines Anderen sei schlimmer als Ehebruch zu verüben; »es
ist besser, ein Mensch werfe sich in einen Feuerofen, als daß er
öffentlich seinen Nächsten beschämt.« »Auch wenn die Tore des
Gebets [vor Gott] verschlossen sind, so sind die Tore der Tränen
offen. . . . Alle Tore sind verschlossen, außer der Tore der Kränkung
(ona'ah).« Daran schließt sich dann die tiefsinnige Erzählung von
Rabbi Eliezer und seinem Schmerz über die erlittene Kränkung an
(s. u.).

Es gibt einige besonders schöne, manchmal überraschende Aspekte der Schamproblematik, die ich aus dem so überaus reichen
talmudischen Schrifttum auswählen möchte:

Finden wir eben in der Geschichte von Bar Qamtza das Verständnis für die Tiefe und Schmerzhaftigkeit der Beschämung und damit
für das Rachebedürfnis und das Ressentiment, so spricht Rabbi
Jochanan in der Gemara, Joma, 23a, im Namen von Rabbi Schim'on
ben Jehotzadaq, davon, daß jeder Gelehrte, der sich für seine ver-
letzte Ehre nicht räche und, im Gegensatz zu einer Schlange, keinen
Groll, kein Ressentiment (netirá) hege, kein echter Gelehrter sei. Zuviel Demut, zu wenig Ehrgefühl sei ein Makel, wird im Hinblick auf
Sauls Gleichmut gegenüber seinen Schmähern (1. Samuel 10,27)
von Rab Juda geäußert. Gleich hernach wird dieser Einstellung jedoch in Gestalt eines aramäischen Sprichworts widersprochen: »Be-
leidigt, doch nicht beleidigend, beschämt, doch nicht entgegnend,
schaffend in Liebe und freudig im Leiden – über sie heißt es: ›Die
ihn lieben, sie seien der Sonne gleich, die hervortritt in ihrer Macht‹
[Judices 5,31].«

Ein zweiter faszinierender Gedanke wird eben vor der zitierten
Passage geäußert und denselben Gelehrten Jochanan und Schim'on
zugeschrieben: »Man soll keinen zum Leiter einer Gemeinschaft
wählen, der auf seinem Rücken nicht einen Haufen Reptilien her-
unterhängen hat; wird sein Sinn hochmütig, sage man ihm: ›Dreh
dich um!‹« Der »Klumpen des Schlangengezüchts« ist eine Meta-

pher für die verborgene Schande, für einen Makel der Herkunft oder Vergangenheit. So kann denn die versteckte Schmach zum notwendigen Korrektiv gegen die Hybris, die Arroganz, den Mißbrauch der Macht werden. Das rechte Maß der Scham wird dadurch zu einem unentbehrlichen Werkzeug sowohl der Selbstentwicklung wie des Dienstes an der Gemeinschaft.

Ein drittes Beispiel ist die Legende von Choni, dem Zirkelzeichner (Ta'anith, 23a), der als eine Art Schamane den Regen herbeizauberte. Über ihn wird berichtet, er habe über den Sinn des 126. Psalms nachgegrübelt: »Als der Herr wandte Zions Geschick, da waren wir wie Träumende.« Ich zitiere nun genau: Ist es möglich, daß ein Mensch ununterbrochen 70 Jahre lang träumen könne? Eines Tages sah er einen Mann einen Karobbaum pflanzen. Er fragte ihn: »Wie lange dauert es, bis er Früchte trägt?« »70 Jahre.« »Weißt du, ob du so lange lebst?« »Ich fand Karobbäume in der Welt. Wie meine Ahnen die für mich pflanzten, so pflanze ich diese für meine Kinder.«

Choni setzte sich nieder, um zu essen, und der Schlaf übermannte ihn. Während er aber schlief, umschloß ihn eine Felsbildung und verhüllte ihn, und er schlief 70 Jahre. Als er erwachte, sah er einen Mann, der die Frucht des Baumes sammelte. »Bist du der, der ihn gepflanzt?« »Ich bin sein Enkel.« »Es ist klar, ich muß 70 Jahre geschlafen haben!« rief er aus. Er kehrte nach Hause zurück und fragte: »Ist Choni der Zirkelzeichner noch am Leben?« Die Leute antworteten: »Sein Sohn ist gestorben, aber sein Enkel ist noch am Leben.« Da sagte er ihnen: »Ich bin Choni der Zirkelzeichner.« Doch niemand wollte ihm Glauben schenken. Er begab sich ins Gebethaus, und dort hörte er, wie die Gelehrten sagten, es sei so klar für sie wie zur Zeit von Choni; denn er hatte alle Schwierigkeiten jeweils für sie gelöst. Da rief er aus: »Ich bin es – Ana nihu!« Doch die Gelehrten wollten ihm nicht glauben, und sie verweigerten ihm die ihm gebührende Ehre. Das schmerzte ihn tief; er bat um seinen Tod, und er verschied. Raba sagte: »Daher kommt der Spruch: Entweder Gemeinschaft oder Tod – o chavrutá o mitutá.«

Ohne Ehre und Respekt ist das Leben nicht mehr möglich. Es ist die tödliche Niederlage der umfassenden Beschämung: der Personhaftigkeit, der inneren wie der äußeren Identität verlustig zu gehen.

Eine besonders wichtige Rolle spielt auch noch heute im tradi-

tionsgebundenen Judentum der Begriff der Zeni'ut, der die Grund-
haltung der Schamhaftigkeit (lat. *pudor,* griech. *aidos*) bedeutet,
ganz besonders in Hinsicht auf die Entblößung des Körpers als
ganzen, der Geschlechtlichkeit im besonderen.

Kurz zusammengefaßt betrifft im rabbinischen Schrifttum also
das Konzept der Beschämung einerseits, als *Worüber,* offenkundige
Schwäche, einen Makel, den Verlust der Kontrolle über seine Triebe
oder über seine privatesten Gedanken, über seinen Körper und über
seine öffentliche Identität. Andererseits bezieht es sich, als *Wovor,*
auf das »Gesicht Gottes« oder das »Gesicht der Vielen«, also das
»Auge der Gemeinschaft«. Die Beschämung ist eine so tiefe Verwundung, daß sie dem Blutvergießen gleichgesetzt wird und glei-
cherweise zu Ressentiment und Rache – »netirá« und »neqimá« –
führt.

Ordnung und Chaos –
Freiheit und Gebundenheit

Eine andere umfassende Über-Ich-Polarität wird von M. Berkowitz
(Kommentar zu »Vajiqra 5760«, 18.3.2000) beschrieben, wenn er
das Ideal von Ordnung und Vollkommenheit, das das 3. Buch Moses
(Levitikus) dominiere, der Herrschaft von Chaos und Unordnung,
wie sie sich in der Buchrolle Esther zeigt, gegenüberstellt. Im ersteren herrsche Ganzheit; Anomalität und Vermischung werden ver-
pönt und vor allem werden die Grenzen eifersüchtig gewahrt (Eve-
rett Fox). Ordnung ist ganz allgemein ein Grundprinzip des jüdischen Lebens, ein Pfeiler der Heiligkeit. Störung dieser Ordnung
ist Entheiligung, Befleckung, die beseitigt werden muß. »Seder«,
das »Abendmahl« beim Pessachfest, ist Ordnung. Die sechs Grund-
strukturen der Mischna heißen »Ordnungen« (daher auch die Ab-
kürzungsbezeichnung für den ganzen Talmud: »Schas«, das ist
»schischá sedarím«, »sechs Ordnungen«). Die Opfer zu alter Zeit,
die Gebete nach der Zerstörung des Tempels, dienen der Heilma-
chung, der Wiederherstellung von Ordnung und damit Heiligkeit.

Auf der anderen Seite widerspiegle das Buch Esther Unordnung.
Das Wort für das Fest selbst, »Purim«, »Lose«, beziehe sich auf

willkürliche, zufällige Auswahl, auf Zufall bestimmtes Schicksal. Der persische Königshof ist ein Ort orgiastischer Ausschweifung, korrupter Macht und des Unrechts und der Ausbeutung. Er erinnert an die Rahmenerzählung von Tausendundeiner Nacht, in der ein betrogener Despot jede Nacht eine neue Jungfrau braucht und diese dann am nächsten Morgen umbringt. So wie Scheherazad die Ordnung der Erzählung, der Spannung des im Erzählen kunstvoll geordneten Ablaufs, jener Unordnung gegenüberstellt, so ist es der Rest des T'nach, der der Unordnung von Purim gegenübergestellt wird. In der Rolle heißt es:»venahafóch hu«, alles sei drunter und drüber (9,1:»das Gegenteil davon geschah«), die geheiligten Grenzen erscheinen aufgehoben, der Name Gottes fehlt im ganzen Buch, und willkürliche Gewalt führt zu blutiger, exzessiver Rache. An Purim, heißt es, solle man trinken, bis man nicht mehr zwischen »verflucht sei Haman« und »gepriesen sei Mordechai« zu unterscheiden vermöge (Megilla, 7b). Die Unordnung und Grenzüberschreitung beim Karneval des Purimfests ist ein wilder Durchbruch des Chaos, der in radikalem Gegensatz zum überaus geordneten Leben des jüdischen Jahres steht:»Ihr sollt mir heilig sein, ein Volk von Priestern«.

Wir werden im Zusammenhang mit der jüdischen Mystik des Altertums diesem Einbruch von neuem begegnen.

Wir aber sehen als Psychoanalytiker die notwendige Dialektik zwischen einem überaus rigiden Über-Ich mit seinen unzähligen Geboten und solchen Durchbrüchen der Elementarkräfte des Es.

In seinem langen Dialog mit Iwan Karamasow befaßt sich der Teufel, der»Böse«, mit der Frage, was geschähe, wenn er aus der Welt verschwände, indem er zu den Engeln zurückkehren würde und im himmlischen Chor das Hosianna mitsänge:»Alles in der Welt würde unmittelbar erlöschen und nichts würde mehr geschehen« (russ. Ausg., S. 701).»›Nein, lebe‹, sagt man mir, ›denn ohne dich wäre nichts. Ginge auf Erden alles vernünftig zu, so würde überhaupt nichts geschehen. Ohne dich gäbe es keinerlei Ereignisse, und Ereignisse müssen sein‹« (russ. Ausg., S. 695).

Eine talmudische Legende (Joma, 69b) malt nun diesen Gedanken genauer aus. Die Erzählung geht vom Aussprechen des vollen Gottesnamens aus und befaßt sich dann damit, wie das Böse, der Versucher, der böse Trieb (jétzer hará), aus dem Allerheiligsten des

Tempels ausgebrochen sei und was es für Folgen aus der Gefangennahme dieser Teufelsfigur hatte. Das Ausgangszitat stammt aus Nehemia, 9,4: »Und sie schrien zum Herrn mit lauter Stimme.« Der Talmudtext fragt: »Was sprachen sie? Rav, nach anderen R. Jochanan, sagte: Wehe, wehe, er ist es, der das Heiligtum zerstört, den Tempel verbrannt, alle Frommen getötet und Israel aus seinem Lande verbannt hat, und noch immer springt er unter uns umher; du hast ihn uns ja wohl deshalb zugeteilt, damit wir durch ihn Belohnung erhalten (d. h., indem wir mit ihm ringen und uns für das Gute entscheiden), aber wir wollen weder ihn noch die Belohnung! Da fiel ihnen eine Tafel (pitqa) vom Himmel herunter, und darauf stand geschrieben: Wahrheit (d. h. Bestätigung des eben Gesagten). Rav Chanina sagte: Hieraus ist zu entnehmen, daß Wahrheit das Siegel des Heiligen, gepriesen sei er, ist. Hierauf verweilten sie drei Tage und drei Nächte im Fasten, und er [der Böse] wurde ihnen ausgeliefert. Er kam aus dem Allerheiligsten des Tempels in der Gestalt eines feurigen, jungen Löwens [oder: ein Löwchen aus dem Feuer]. Der Prophet sprach zu Israel: ›Das ist der Trieb, die Sterne anzubeten (jatzrá de'avodát kochavím).‹ So heißt es (in Zecharja 5,8): ›Und er sprach: Dies ist das Böse‹ (zot harisch'áh). Als sie ihn ergriffen, löste sich ein Fäserchen von seinem Haare, da stieß er einen Schrei aus, und seine Stimme reichte vierhundert Parasangen. Darauf sagten sie: ›Was machen wir jetzt? Vielleicht erbarmt man sich, behüte und bewahre, seiner im Himmel!‹ Es sagte ihnen der Prophet: ›Sperrt ihn in einen bleiernen Kessel ein und verschließt die Öffnung mit Blei, denn das Blei saugt die Stimme auf‹, denn so heißt es (in jener Stelle in Zecharja 5,8): Und er sprach: ›Dies [tatsächlich in der Vision eine Frauengestalt] ist das Böse; und er warf es in das Gefäß (Epha, Wanne) und legte die Bleiplatte auf seine Öffnung.‹ Sie sagten: ›Da dies eine Zeit der Gnade ist, wollen wir auch um Erbarmen in bezug auf den Trieb zur Sünde (jatzrá de'averá) beten.‹ Sie flehten um Erbarmen, und er [der Geist des Bösen] wurde ihnen ausgeliefert. Er [vermutlich der Prophet] sagte ihnen: ›Bedenket, wenn ihr ihn tötet, geht die Welt unter.‹ Nachdem er drei Tage eingesperrt war, suchte man im ganzen Land von Israel ein am selben Tage gelegtes Ei, und es fand sich keines. Sie sagten: ›Was machen wir nun? Töten wir ihn, so geht die Welt unter. Bitten wir aber um die Hälfte, so wird ja im Himmel nichts Halbes ge-

währt.‹ So blendeten sie ihn und ließen ihn frei. Dies hatte den
Erfolg, daß er den Menschen nicht mehr zum Inzest reizt.« So weit
der Auszug aus dem Talmudtext.[60]

Es handelt sich dabei ganz explizit um das Thema der abgewehrten Wünsche, des Konflikts um die Triebe. Die Triebe haben ihre
Wurzel in der Heiligkeit, kommentiert Rabbi Tzaddok haKohen
von Lublin (1823–1900). Sie zu unterdrücken ist unmöglich. Diese
aber zu zähmen, sie in die Bahn der Ordnung zu lenken, ist, in der
Deutung von Maimonides, die Absicht von Levitikus (des 3. Buches Moses) (S. Riskin, Jerus. Post, 24.3.2000). Es handelt sich um
die Heiligkeit und die Gefährlichkeit der Triebe und Affekte, um
ihren inneren Widerspruch also, mit dem wir als Psychoanalytiker
wohl vertraut sind.

Doch beinhaltet das Thema des Teufels weit mehr als die Abwehr
der Wünsche. Er symbolisiert nicht nur, wie Iwan Karamasow sagt,
»alles, was niedrig, gemein und verachtenswürdig in mir ist« (russ.
Ausg., S. 707), sondern alle Gebote, Forderungen, Infragestellungen,
die nicht zum Gottesbild passen. In der biblisch-talmudischen Sprache ist es die »Verehrung der Sterne«, und damit des Mythisch-
Zyklischen in der Natur, auf Kosten der ethischen Ordnung von Gerechtigkeit und Liebe zwischen den Menschen. Diese »Verehrung
der Sterne«, der mythischen Urkräfte, wird mit Blutschande und mit
ungezügeltem Ehrgeiz, mit dem Willen zur Macht, mit Ressentiment
und mit sinnlosem Haß allesamt in der Gestalt des Bösen, des Jetzer
haRa verdichtet. Zugleich heißt es, daß ohne ihn die Menschen nicht
heiraten, keine Häuser bauen und keine Äcker pflügen würden. Diese
Wendung ins Positive wird seltsamerweise mit der Blendung des Bösen begründet. In anderen Worten: Das geblendete Böse ist die gute
Sexualität. Ich deute es so, daß nur gut sein kann, was begrenzt und
beschränkt ist. Das Zuviel, das Maßlose, das Ungebändigte ist überaus gefährlich. Es ist die Polarität zwischen Ordnung und Chaos,
wobei der Sinn des ganzen Gesetzes in dieser Achtung für die Grenzen, in der Heiligsetzung der Unterscheidungen liegt.

Bei Dostojewskij kommt noch etwas anderes hinzu zur Bedeutung des Teufels, nämlich der Stolz, die Eigenliebe der Vernunft:
»Du zürnst immer, du willst nichts anderes als Verstand«, sagt der
Teufel zu Iwan (russ. Ausg., S. 695). Für Dostojewskij und überhaupt für weite und tiefe Traditionen des christlichen Abendlands

ist der Teufel daher auch eine Symbolisierung des Stolzes der Vernunft. Es sei eine Selbstvergötzung, das Denken über das Glauben zu stellen, und diese ende unweigerlich darin, daß dann alles erlaubt sei und es keine ethischen Grenzen mehr gebe. Ja, die unbeirrbare Suche nach der Wahrheit sei schon selbst des Teufels, das Infragestellen des als absolut Gesetzten sei Ausdruck sündhafter Selbstverliebtheit, also in unseren Begriffen von Narzißmus. Zugleich handelt es sich dabei aber um einen Aufstand gegen das Gewissen, denn Gott und Gewissen, Unsterblichkeitsglaube und Moral werden von Dostojewskij gleichgesetzt.

Doch können wir von diesem Ausgangspunkt aus einen Ausblick auf die weitere Polarität von Gebundenheit und Freiheit gewinnen.

Das Gesetz mit seinen vielen einzelnen Geboten und Verboten hat etwas enorm Schützendes, Bergendes, Sicherheit Schaffendes. Wir alle leben mit ähnlichen, ins Ungezählte gehenden Regeln und Gesetzen, ohne die weder ein moderner Staat noch eine technisch durchdrungene Gesellschaft denkbar wären. Manche der Gesetze sind rational, manche leiten sich von alten Rechtstraditionen her und sind fragwürdig, manche erscheinen willkürlich.

Das jüdische Gesetz ist eine ähnliche bindende Struktur, die von einigen ganz klaren ethischen Prämissen ausgeht: daß es nur *ein* Recht für alle geben soll, daß der eine für den anderen einstehen soll, daß Ehre, Würde und Achtung dem Selbst wie dem Anderen, auch und gerade dem Fremden gegenüber die Voraussetzung für eine geordnete und zivilisierte Gemeinschaft und Gesellschaft ausmachen, daß in Sprechen und Messen volle Wahrhaftigkeit die Grundlage für jede Beziehung abgeben soll und jede Täuschung und Lüge vergiftend wirken, daß die Wahrheitsaussage aber nicht absolut sei, sondern mit Takt, mit dem Schutz der Gefühle des Anderen gepaart werden müsse.

Dann gibt es aber viele andere Gesetze, die von einer ganz anderen Natur sind: mythisch, ja magisch. Es sind die ganzen Opfer-, Reinlichkeits- und Reinheits- sowie Eßvorschriften. Sie dienen einer Heiligung der eigenen Person und der Gemeinschaft als ganzer, damit diese des Schutzes der lebendigen und als gegenwärtig empfundenen Gottheit teilhaftig werden. »Opfer« heißt »Qorban« und bedeutet »Nahekommen, Nahebringen«: Es soll magisch die Nähe von Mensch und Gott, von Volk und Gott, von Staat und Gott zu-

stande bringen. »Seid mir ein Volk von Priestern, ein heiliges Volk!«
heißt es.[61] Dadurch wird das Gefährlich-Schützend-Göttliche, das
als personhaft und mit autonomem Willen begabt erlebt wird, gütig
und gnädig gestimmt und mit dem menschlichen Willen verbunden.

Im Midrasch wird zur Vision Abrahams (Genesis 15,1): »Gott –
vollkommen ist sein Weg, das Wort von JHWH ist geläutert, tzrufá«
(2. Samuel 22,31) ein Wort von Rav zitiert, einem der frühen Lehrer
der Gemara: »Die Gebote wurden einzig und allein deswegen gegeben, um die Menschen zu läutern« (lo nitenú hamitzwót élla letz-
aréf bahén et habrijót; Midrasch Rabba, 44:1; vgl. Schorsch,
Komm. 1.5.1999).

Zugleich wird aber diese ganze Gesetzeswelt, besonders in ihren
mythisch-magischen Anteilen, mehr und mehr als fesselnd, als pe-
dantisch, ja letztlich als unmenschlich empfunden. Die Gesetze sind
zwar da zum Leben, zum Schutz der Personhaftigkeit jedes Einzelnen. Die Pflicht zur Lebensrettung überwiegt fast jede Gesetzesein-
haltung, außer den Grundgeboten: nicht zu töten, nicht zu schänden,
nicht den Namen Gottes zu entweihen. Der Schabbat beispielsweise
kann und muß gebrochen werden, wenn es sich um die Rettung von
Leben, »piqúach néfesch«, handelt.

Und dennoch widerspricht diese Gesetzeswelt oft dem modernen
Empfinden der Freiheit der Entscheidung, dem Wert des autonomen
Gewissens, das heißt des inneren Wissens von Gut und Böse gegenüber dem von außen gegebenen Gebot. Der heutige Individualismus
seinerseits birgt, neben dem Segen der Freiheit und des Schöpfe-
rischseins, die Gefahr der Anarchie, des maßlosen Egoismus, einer
Relativierung aller Werte. Doch selbst die Propheten protestierten
heftig gegen eine übermäßige Beachtung der rituellen Gebote gegenüber dem Ethischen. So wird an jedem Jom Kippur (dem Versöhnungstag) in der Synagoge der Abschnitt aus Jesaja (Kap. 57 f.)
vorgelesen: »Ist nicht das ein Fasten, wie ich es liebe: daß du ungerechte Fesseln öffnest, die Stricke des Joches lösest? daß du Miß-
handelte ledig lässest und jedes Joch zerbrichst? daß du dem Hungrigen dein Brot brichst und Arme, Obdachlose in dein Haus führst?
wenn du einen Nackten siehst, daß du ihn kleidest und dich den Brüdern nicht entziehst. ... Wenn du dem Hungrigen dein Brot dar-
reichst und die gebeugte Seele sättigst, dann wird dein Licht auf-
strahlen in der Finsternis und dein Dunkel werden wie der helle Mittag.«

So besteht auch hier eine ständige Dialektik zwischen Freiheit und Gebundenheit, zwischen Heteronomie und Autonomie, zwischen Unterwerfung und schöpferischem Neubeginn. Dieser Versuch, zwischen Konflikt und Komplementarität einen Ausgleich zu finden, wurde durch die jüdische Geschichte hindurch in immer neuen Varianten unternommen, manchmal als Ketzerei, manchmal als Mystik, manchmal als Assimilation angenommen oder verschrien. Der Versuch geht weiter. Anders gesagt: Autorität und Rebellion begleiten die Entwicklung von jedem einzelnen; sie gestalten die menschliche Geschichte; sie prägen aber die jüdische Geschichte in besonderem Maß. Das bringt uns zum Thema des Trotzes.

Recht gegen Gerechtigkeit: Der heilige Trotz

»Der Trotz, das stolze Dennoch, ist dem Menschen, was dem Gotte die Macht, das Erhabene also, ist. Gleich souverän ist der Anspruch des Trotzes wie das Recht der Macht. Als Trotz nimmt das Abstraktum des freien Willens Gestalt an« (Rosenzweig 1921/1954, S. 89).

Der große Gegensatz, der uns in diesem Abschnitt beschäftigt, ist der zwischen dem Trotz als Schutz gegen Beschämung und gegen Vergöttlichung des Menschen – gegenüber dem Gehorsam vor dem Wort und der Absolutheit des Gesetzes.

Wenn wir das systematische Fragen, ja das ständige Infragestellen sowohl in Judentum wie Psychoanalyse, betrachten, erkennen wir darin das prinzipiell Aufrührerische, den Trotz gegen selbstgerechte Autorität, den von Freud auch als Gemeinsames erkannten Wert der Oppositionalität. Damit verbindet sich die häufige klinische Erfahrung, wie Trotz oder Ungehorsam als etwas Positives, als Ausdruck der Selbstachtung gerade angesichts der Scham zu werten und nicht als Todsünde zu verwerfen seien; wie das Prinzip der Gerechtigkeit in einer Balance mit den weiten Wertbereichen von Zugehörigkeitsgefühl, Barmherzigkeit, Liebe zu stehen habe, daß es sich um komplementäre Werte handle, die eines Gleichgewichts, nicht der Ausschließlichkeit bedürfen – daß der Konflikt zu erkennen, aber nicht aufzulösen sei.

Es ist die Komplementarität von Trotz und Gehorsam, von innerem Gesetz und äußerem Gesetz. Doch verschränkt sich diese Polarität mit anderen Gegensätzen: dem von Gerechtigkeit und Ungerechtigkeit, von Stolz und Scham, von Unabhängigkeit und Abhängigkeit. Zumeist nehmen wir dies als selbstverständlich an, aber es ist ja gar nicht so, namentlich da die christliche Religion Trotz und Stolz als Todsünden verworfen hat, ja, Augustinus den Ungehorsam als Teil der Erbsünde hingestellt hat. Demgegenüber ist es die heilige Auflehnung, der Trotz, der gegen Scham und Selbstauslöschung schützt. Trotz schützt die Identität gegen unzulässige Übergriffe. Trotz ist die letzte Abwehr gegen vernichtende Beschämung; er ist Auflehnung gegen ungerechte Schuldzuweisung – ob all dies nun von außen oder von innen her erfolge.

In der Kultur wie in der Psychoanalyse wird der Trotz ambivalent bewertet: seine Hochschätzung, wenn er im Dienst der Gerechtigkeit steht, und seine Gefahr, wenn er den Grundgesetzen von Menschsein, Gemeinschaft und Natur widerstrebt. In diesem Zusammenhang könnten wir erwägen, ob von einem psychoanalytischen Standpunkt aus nicht zu fragen wäre, wieweit bestimmte religiöse Grundhaltungen, ungeachtet ihrer Wurzeln, einen blinden Autoritätsgehorsam fordern, die Verleugnung der Wirklichkeit befördern, es verlangen, nicht selbst zu denken, ja, zu welchem Ausmaß damit Äußerungen des Sadomasochismus und der Arroganz, der Selbstgerechtigkeit, des Hochmutes verstärken. Wir mögen uns daran erinnern, was im Talmud (Berachot, 55a) steht: »Weshalb starb Joseph vor seinen Brüdern? Da er sich hochmütig verhalten.«

In der jüdischen Ideenwelt ist »Chutzpah«, »Frechheit, Schamlosigkeit« eine der großen Mächte der Verderbnis, die zur Zerstörung von Jerusalem beigetragen hat und in der Zeit der Katastrophe, die dem Kommen des Messias vorausgeht, überhandnimmt. Und doch kann dieser »Trotz gegen den Himmel – Chutzpáh klappéi schemája« berechtigt sein, »eine ungekrönte königliche Macht und Würde – chutzpáh malchutá belá ta'agá hi« (Sanhedrín, 105a).

Das Hadern mit Gott geht durch das jüdische Schrifttum hindurch. Wie Laytner ausführt, hat manches hebräische Gebet den Charakter eines Appells vor Gericht, und zwar einer Anklage gegen Gott vor dem »Gerichtshof« »einer von Gott eingesetzten moralischen Ordnung. Tzedaqá, Gerechtigkeit, war der dieser Ordnung gegebene Name, und diese bleibt der Grundbegriff der jüdischen ethisch-religiösen Weltanschauung« (1990, S. XIX).

Diese Vorstellung einer übergeordneten Gerechtigkeit erinnert zwingend an das umfassende »Ideal der gerechten Ordnung«, Ma'at, in der altägyptischen Religion (Assmann 2000a, z. B. S. 182).[62] Während sich in Ägypten diese als regulative Idee im König verkörperte und der König daher in absoluter Weise diese Idee repräsentierte[63], widerspricht dieser Vergöttlichung des Monarchen eine sehr starke Tendenz im Judentum: Kein Mensch, auch kein König, vermag diese Idee zu verkörpern, ja sogar die Identität dieser Idee mit Gott selbst wird wieder und wieder eigentlich zutiefst in Zweifel gezogen.

Die Antithese zu dieser Jenseitigkeit und Göttlichkeit der Idee wird von vielen Einzelbeispielen gebildet, in denen Gott durch den Mund von Moses oder den Propheten spricht oder in viel späterer Zeit der Rechtsgelehrte oder der Zaddik fast göttliche Autorität und Heiligkeit anzunehmen vermag. So steht die Göttlichkeit des Gesetzes der Vergöttlichung eines Menschen diametral gegenüber. Jede Bewegung zum letzteren hin wird zumeist als große Gefahr empfunden und als Frevel geahndet. Ausdruck der Einsicht in diese Gefahr finden wir zum Beispiel darin, daß Moses ganz ausdrücklich mit seinen menschlichen Schwächen und Fehlern dargestellt und es sogar vermieden wird, ihm, nach ägyptischer Tradition, eine bekannte Grabstelle zu schaffen.

Ich denke auch an den Midrasch, der sich auf die Szene bezieht, in der Abraham Gott um Barmherzigkeit für die Leute von Sodom anfleht: »Ferne sei es von dir, solches zu tun, den Gerechten mit dem Gottlosen zu töten« (Genesis 18,25). Rabbi Levi sagte: »Der aller Welt Richter ist, sollte der nicht Recht üben?« (Genesis 18,25). Willst du, daß die Welt Bestand haben soll, so kann es nicht Recht geben. Willst du Recht, so kann die Welt nicht Bestand haben.[64] Doch du willst die Schnur an beiden Enden halten und wünschest sowohl das Bestehen der Welt wie das der Gerechtigkeit. Wenn du nicht ein wenig nachgibst, kann die Welt nicht Bestand haben« (Midrasch Rabba, zu Genesis, XXXIX, 6). Hier besteht ein scharfer Unterschied zwischen Din als Recht und Tzedaqá als Gerechtigkeit. Assmann (2000a, S. 202) bezieht sich auf die Begriffsäquivalente zu Ma'at und Tzédeq/Tzedaqá in verschiedenen antiken Hochkulturen: »Allen diesen Begriffen . . . ist gemeinsam, daß sie auch Weltordnung bedeuten, also eine naturrechtliche Auffassung von Gerechtigkeit meinen. *Gerechtes Handeln ist ein Handeln in Überein-stimmung mit dem der Welt inhärenten Sinn.* Ferner ist dieser Begriff von Gerechtigkeit dadurch gekennzeichnet, daß er mehr umfaßt als das ›Recht‹ (hebr. *din*) im strengen Sinne, ja, er kann sich geradezu auf das Gegenteil, auf die Aufhebung des Rechts beziehen und Begriffe wie Gnade, Erbarmen, Rechtsverzicht umfassen. Richten und Retten, zwei in unserer Vorstellungswelt eher entgegengesetzte Begriffe, sind im Rahmen der altorientalischen Gerechtigkeitsidee geradezu synonym« (Hervorh. v. L. W.). Der Begriff Tzedaqá hat entsprechend in der jüdischen Tradition die Bedeutung von Wohltätigkeit und Philanthropie angenommen.

Viel allgemeiner ist aber die Thora und der ganze T'nach von diesem Ethos des individuellen Trotzes gegen den Mißbrauch der Macht geprägt. Trotz aber dient dem Schutz der Identität gegen Gewalt und Entwürdigung und kann eine Haltung des Sichbefreiens bedeuten. Wir sahen vorher, wie in der immer weiter wirkenden Überlieferung Abraham dem Mythenglauben von Vater und babylonisch-sumerischer Kultur trotzte, wie Moses dem Machtglauben und brutalen Mißbrauch dieser Macht des Pharao trotzte. Die Propheten vertraten einen resoluten Protest gegen den Machtmißbrauch von König, Priesterschaft und Reichen und sahen die Saat der Vernichtung in solchem Mißachten der Rechte der Unterdrückten. Auch hier bildeten *Trotz, Freiheit* und *Verantwortung* eine heilige Dreieinigkeit. Immer handelt es sich dabei als viertes um die Bereitschaft, Opfer zu bringen, ja selbst das eigene Leben im Dienste solcher Ideale zu opfern. Aus dem äußeren Opferdienst wird dabei immer mehr diese innere Opferbereitschaft.

Jesus empörte sich gegen die blinde Staatsgewalt der Römer und der mit ihr zusammenarbeitenden Kräfte. Er wehrte sich gegen eine ganz auf das Äußerliche gerichtete Religiosität, die sich um die einseitige Befolgung der Gesetze bemühte, ohne deren Geist zu achten. Er vertiefte die von den Propheten vertretene Innerlichkeit der Ethik.[65] Bei ihm tritt jenes Vierte, die Bereitschaft zur Selbstopferung, ganz in den Vordergrund, wie sie auch mehr und mehr die jüdische Religiosität überhaupt prägte. »Kiddusch haSchem, die Heiligung Gottes« wurde Synonym mit Martertum für die Treue jenem Versprechen gegenüber.

Dies aber ist eine zutiefst antiautoritäre Einstellung, die sich gegen jeden Machtmißbrauch, jede Ungerechtigkeit richtet. Jeder nichtfragende Gehorsam, jedes Ausführen eines Befehls, das jener Weltordnung widerspricht, wird als ethisch untragbar angesehen. Wir werden einerseits an Antigones Appell an die »ungeschriebenen Gesetze des Himmels« erinnert, andererseits an die umfassende Macht der »Díke«, der Gerechtigkeit bei Herakleitos, die die ganze Natur bestimmt. In unserem Bereich ist es die Achtung für die Würde der Rebellion, des inneren Aufstands gegen irrationale Autoritätsausübung sowohl von außen wie von innen. Auch die Psychoanalyse ist ständig unterwegs, dialektisch, in der Infragestellung des archaischen Über-Ich, und der Anerkennung von moralischen und ethischen Werten – ähnlich dem wandernden Volk. »Rastlosigkeit und Würde – das ist das Siegel des Geistes« (Thomas Mann, »Joseph und seine Brüder«, S. 50)

Allgemeiner gesagt bedeutet das, daß »das Judentum eine Religion ist, die nicht nur das Stellen von Fragen erlaubt, sondern dazu ermutigt« (Schorsch, Komm. Bo 5760, 15.1.2000). Der Talmud ist ein ständiges Fragen. Der Sederabend ist verankert in Fragen, namentlich den Fragen der Kinder.

Es ist in dieser Komplementarität dessen, was sich zumeist in sich widerstreitende Mächte und gegensätzliche Werte spaltet: von Gebundenheit und von Trotz, von Identität und Bezogensein, von Güte und Lernen, von Rücksicht anderen gegenüber und innerem Wachstum, von Selbstbezogenheit und Verpflichtetsein anderen gegenüber, daß wir eine Lösung für scheinbar unversöhnliche Gewissenskonflikte finden können.

Tragischer Konflikt

Doch wie diese Komplementarität sich in unlösbaren Konflikt zurückverwandelt und welche Rolle darin gerade die Fragen von Trotz und Autorität haben, ist unter dem Titel »Meine Kinder haben mich besiegt« in Kapitel VIII meines Buches »Magische Verwandlung und tragische Verwandlung« (1999) berichtet: die Erzählung von Eliezer ben Hyrkanos und seiner Ächtung, der, obwohl er zwar recht gesprochen, sich aber nicht dem Mehrheitsbeschluß des Gerichts gefügt hat. Hier erwähne ich die Erzählung im weiteren Zusammenhang mit dem Wertkonflikt, der auch seinen unmittelbaren Kontext beherrscht: die Beschämung des Einzelnen gegenüber dem Schutz und Überleben des Ganzen.

Knapp zusammengefaßt handelt es sich um eine Entscheidung darüber, ob eine gewisse Art von Ofen den rituellen Reinheitsgesetzen unterworfen sei oder nicht. Der große Gelehrte Eliezer entschied sich dagegen, der Gerichtshof unter der Leitung des autokratischen Gamliel dafür. Seit Moses' Zeiten galt das demokratische Prinzip, daß der Mehrheitsbeschluß gelten müsse. Mehrere Wunderzeichen des Himmels, an den sich Eliezer für die Richtigkeit seiner Entscheidung gewandt hatte, gaben ihm denn auch recht: Ein Karobbaum zeugte für ihn, indem er sich fortbewegte, der Bach floß aufwärts, und die Wände des Lehrhauses neigten sich. Dennoch hielt der Gerichtshof an seinem Entscheid fest. Die entscheidende Stelle heißt dann: Es sagte Rabbi Jirmejah: ›Bereits wurde die Weisung [die Thora] am Berg Sinai gegeben. Wir ziehen eine Stimme [vom Himmel] nicht in Betracht, denn du hast am Berg Sinai in der Thora schon geschrieben: Nach der Mehrheit sollt ihr euch richten‹.[66] Danach [Generationen später] wandte sich Rabbi Natan an [den Propheten] Elijahu und fragte ihn: ›Was tat der Heilige, gelobt sei er, zu jener Stunde?‹ Er antwortete: ›Da stand Gott und lächelte und sagte: Meine Kinder haben mich besiegt, meine Kinder haben mich besiegt – Nitzchúni banái, nitzchúni banái!‹. Die Erzählung geht dann weiter: Eliezer wurde geächtet. Das Auge, das seine Kränkung und seinen Groll ausdrückte, versengte die Fluren, und sein Gebet an den Himmel, Gerechtigkeit zu finden, führte magisch zum Tod Gamliel, seines Schwagers: »Als sie [Eliezers Frau und Gamliels Schwester] zurückkehrte und ihn [Rabbi Eliezer] auf seinem Antlitz fand, sagte sie ihm: ›Steh auf, du hast meinen Bruder getötet.‹ Inzwischen ertönte der Klang des Horns, der Todesankündigung durch das Schofar, vom Hause des Rabban Gamliel, er sei gestorben. Rabbi Eliezer fragte sie: ›Woher wußtest du das?‹ Sie aber erwiderte: ›So ist es mir überliefert worden im Hause meines Großvaters[67]: Alle Tore sind verriegelt, außer die Tore der Kränkung.‹«[68]

Dem tragischen Ende des Mythos mit der Bestrafung sowohl des Individuums, das auf seiner Deutung bestand und sich der Mehrheit nicht unterwarf, wie auch seiner Gegner, die ihn erniedrigten und beschämten, mit dem tiefen, im Talmud oft gegebenen Sinn, daß Scham tötet, folgt dann die Erörterung der Frage, warum man dem Fremdling, speziell aber dem Konvertierten, besondere Achtung entgegenbringen müsse und besonders acht darauf geben müsse, ihn nicht zu beschämen, mehr noch als einem Juden gegenüber. Sie können nicht auf ihre Familie zählen und seien daher auf besonderen Schutz gegen Kränkung angewiesen (Steinsaltz). Die Diskussion schließt mit dem schönen Zitat:»Wir haben gelernt: Rabbi Nathan sagte: ›Den Fehler, der in dir ist, schreibe nicht dem anderen zu‹«.[69] Speziell wird es auf das Fremdsein bezogen; doch wird es universell, wie wir es ja auch bei Jesus wiederfinden in seinen Worten von dem Splitter und dem Balken (Matthäus 7,3). Dazu wird hier spezifiziert:»Man sagt dazu: Einem Menschen, in dessen Familie jemand gehängt worden ist, soll man nicht sagen: ›Häng einen Fisch auf!‹« Das heißt, man soll selbst entfernte Anspielungen, die an eine Scham erinnern könnten, vermeiden, um die Selbstachtung des Anderen zu schonen.

Rabbi Steinsaltz erwähnt mehrere Kommentatoren, die diese wundersamen Ereignisse deuten. Einer von ihnen, Rabbenu Chananel, äußert sich,»daß diese Wunder sich nicht in der Wirklichkeit abspielten, sondern in einem Traum eines Zeitgenossen von Rabbi Eliezer, der aber von den Gelehrten ernst genommen wurde.« Mein eigenes Verständnis der Geschehnisse in dieser Geschichte ist das von *mythischen Symbolen*: Sie repräsentieren mächtige innerseelische, zwischenmenschliche und metaphysische Wahrheiten in der Gestalt von Bildern, die nachvollzogen werden und deren emotionale Bedeutsamkeit geteilt werden kann (s. E. Cassirers und S. Langers Philosophie der symbolischen Formen).

Die ganze Erzählung zeigt in legendärer Form die ernsthaften Folgen, die sowohl Rabbi Eliezer wie seine Gegner für ihre Loyalität gegenüber ihren in Konflikt stehenden Überzeugungen zu ertragen hatten: Eliezer, indem er mit Bann belegt und exkommuniziert wurde, da er sich weigerte, sich der Mehrheit zu unterwerfen, und darauf bestand, daß seine Ansicht die einzig richtige sei – und sein Hauptopponent, das Oberhaupt des Volkes, Rabban Gamliel, der sterben mußte, da er seinen Gegenspieler so tief beschämt und gedemütigt hatte, indem er und die Mehrheit seiner Kollegen die Gemeinschaft gegen Anarchie schützen wollten. Rabbi Judith Abrams (1999) sagt dazu, daß die beiden Werte, die Beibehaltung des gesetzmäßigen Prozesses und der Schutz vor Kränkung, komplementär seien.[70]

Implizit in der Erzählung ist ein Infragestellen der exzessiven Rigidität in beiden Positionen und der daraus entstehenden Scham für Rabbi Eliezer und Schuld für Rabban Gamliel.

Der Gedanke aber, daß auch Gott sich dem Wort und der Auslegung des Wortes zu fügen habe, ist ein erschütternder Protest gegen Macht überhaupt, gegen blinde Autoritätsgläubigkeit insbesondere. Der Text ist damit zutiefst aufrührerisch, gegen alle Absolutheit des Urteils und des Dogmas gerichtet: »Meine Kinder haben mich besiegt« – das heißt, das Absolute ist erschüttert, *die Wahrheit ist dialektisch*; sie muß sich dem Gespräch unterwerfen, sie ersteht aus den Diskussionen der Repräsentanten der Gemeinschaft. Wiederum soll es – statt eines Totalanspruchs von Werten – um eine weise Komplementarität der Loyalität sich selbst gegenüber und der Loyalität anderen gegenüber, der Verteidigung der eigenen Identität und Wertüberzeugung und der takt- und respektvollen Toleranz für den Gesichtspunkt des Anderen gehen. Doch meint es auch, daß extreme Umstände extreme Entscheidungen verlangen, und die Zeit dieses Dramas war in der Tat apokalyptisch. Rabbi Aqiva war ein geistiger Führer des Volkes zur Zeit des messianischen Aufstands von Bar Kochba (des »Sternensohns«, 132–135 n. Chr.) und wurde daher als Greis von den Römern gefoltert und dann, so heißt es, in der entsetzlichsten Weise hingerichtet: lebend mit Eisenkämmen geschunden (im Jahr 135).

Im Hintergrund steht die Düsternis der allgemeinen Gefahr von Aggression, ihrem Bezug zum Ressentiment und der entscheidenden Rolle von Scham und Kränkung (der »narzißtischen Verletzung«) darin, im Schritt mit der entmenschlichenden Gefahr des bürokratischen und technokratischen Staats und seiner Institutionen. Doch für uns ist die Gegensätzlichkeit der Werte von besonderem Interesse. Es handelt sich hier um die Polarität der Achtung für die persönliche Würde und Identität, der hohe ethische Wert der Vermeidung von Beschämung, die große Bedeutung der Ehre, der *Schamskala* – gegenüber der Notwendigkeit der Gerechtigkeit, der Zentralität des Gesetzes und so der *Schuldskala*.

Auf einer noch tieferen Ebene ist es das tragische Bewußtsein, daß der Dienst an einer absolut gehaltenen Idee unvermeidlich zu tiefstem Leiden führt[71] – ja, gerade der Gerechte leidet. Es sind zwei Ideen des absoluten Wollens, die hier aufeinanderprallen und unvermeidlich zum Scheitern führen – zur sozialen Ächtung bei Eliezer und zum Tod bei Gamliel –, und auch der dritte Protagonist, Gott selbst, wird besiegt. Was aber siegt? Ich glaube: der Kompromiß zwischen den höchsten Werten, und damit das Offenbleiben für das je Einzelne und Persönliche. Im Moment konkreter Entscheidung zeigt sich die *paradoxe Natur der Wahrheit*: Das Richtige kann auch falsch, das Widergesetzliche kann auch richtig sein – wie es etwas ähnlich in Kafkas »Prozeß« heißt: »Richtiges Auffassen einer Sache und Mißverstehen der gleichen Sache schließen einander nicht vollständig aus« (S. 228) (ähnliches bei Dostojewskij, z. B. bei seinem »Paradoxalisten« in den »Aufzeichnungen aus dem Kellerloch«, und bei Nietzsche). Als Psychoanalytiker sind wir mit dieser schillernden Natur der inneren Wahrheit wohl vertraut: Die Seele ist eine Welt der unaufhebbaren Gegensätze. Auch die moderne Physik bezeugt diese Paradoxalität der Erkenntnis.

V

Das kategorielle Denken
und die Würde des Einzelnen

Was in diesem Kapitel abgehandelt wird, ist wiederum ein grundlegender Gegensatz, dem wir auch in unserer psychoanalytischen Arbeit in etwas anderen Formen stets begegnen, nicht nur als »Wir gegen die Anderen«, nicht nur als mannigfache Formen der Spaltungen analytischer Gesellschaften, sondern im überragenden psychoanalytischen Gegensatz zwischen den theoretischen Verallgemeinerungen und der ständigen Rücksicht auf die je einzelne Lebensgeschichte, in der entscheidenden Doppelheit von Psychoanalyse als Naturwissenschaft und Psychoanalyse als Geschichts- und Geisteswissenschaft. Ich weise dabei auf den Diltheyschen, Windelbandschen und Jasperschen Gegensatz von *nomothetisch* und *idiographisch*, von *erklärend* und *verstehend*, von *objektiver* und von *subjektiver* Psychologie hin – übrigens einen Gegensatz, der sich innerhalb der Psychoanalyse etwa im heutigen wichtigen Dialog zwischen der Selbstpsychologie und besonders den von Melanie Klein stark beeinflußten Strömungen beobachten läßt.

Das Personhafte von Mensch und Gott
gegenüber der Verdinglichung

Als Inbegriff des Bösen erhebt sich die traumatische Macht der Verdinglichung, der Objektifizierung des Anderen, und damit dessen Verachtung und Beschämung. Sie findet ihre Extremverwirklichung im Holokaust: »Das Autoritätsgebaren in Auschwitz war stets auf Aberkennung gerichtet, Ablehnung der menschlichen Existenz des Häftlings, seines oder ihres Rechts dazusein« (Klüger 1992, S. 111 f.)

Auch das Judentum wird, zusammen mit der gesamten westlichen Kultur, bedroht durch die Veräußerlichung des ganzen Lebens, durch die Konzentrierung auf das Materielle, das Machbare und Manipulierbare, das Quantifizierbare, auf Erfolg und Macht, auf Konsum und Profit – also durch all das, was in der Thora mit dem Symbol des Goldenen Kalbs, und damit mit Götzendienst überhaupt bezeichnet und aufs Schärfste bekämpft wird. Damit geht bei vielen die Selbstaufgabe der jüdischen Identität und eine völlige Assimilation einher. Die dagegen ins Feld geführten Mächte ethnisch-nationalistischer Selbstbewußtheit leisten da kaum Abhilfe – erzielen vielmehr oft eher dessen Gegenteil. Das Judentum besteht nicht nur aus Eßgebräuchen und Volkstänzen, aus Klezmermusik und Chanukkageschenken, so gemütlich all diese auch sein, welchen Gemütswert diese auch haben mögen. Noch läßt sich das Jüdische ganz mit der Bedeutsamkeit von Israel und der Wichtigkeit des Landes selbst identifizieren, kann sogar in gewichtigen Konflikt damit treten.

Über die geistige Selbstbesinnung wird hingegen oft kritisch gesagt, daß sich das heutige amerikanische Judentum zu sehr durch den Holokaust definiere – daß es sein Wesen zumindest zum Teil in der Erinnerung an die Ausrottung des europäischen Judentums sehe und erlebe und dies seiner Jugend vermittle. Dazu komme dann oft ein Appell an allgemein menschliche Werte von Solidarität, sozialem Bewußtsein und Menschenrechten. Jene negative Bestimmung und diese positive Berufung werden zum Kern von Erziehung und Selbstbesinnung, doch werde damit, machen andere dagegen geltend, das Spezifische verfehlt. Diese beiden Aspekte: das Märtyrertum und die allgemeine Menschlichkeit seien zwar sehr wesentlich, aber genügen bei weitem nicht, um die kulturschaffende und kulturtragende Bedeutung des Judentums zu erfassen.

Wie schon vorher betont, ist die Innerlichkeit, die zentrale Wichtigkeit sowohl des Einzelnen in seiner geschichtlichen Einmaligkeit wie auch in der Souveränität seiner Innenwelt, der jüdischen wie der psychoanalytischen Weltanschauung zugleich zu eigen. So heißt es in Deuteronomium 8,3: »Er [Gott] demütigte euch . . . um euch zu lehren, daß der Mensch nicht durch das Brot allein lebt; sondern durch alles, was aus dem Mund des Ewigen geht, lebt der Mensch«, ein Wort, das auch von Jesus sehr betont (und übrigens auch wieder und wieder von Dostojewskij aufgegriffen) wird.

T'nach (Bibel) und Talmud beschäftigen sich mit einem enormen Spektrum von Inhalten, doch die personhaften, je einzelnen Beziehungen zum Göttlichen, zur menschlichen Gemeinschaft und zum eigenen Inneren sind im Kern jener konzentrischen Kreise.

Die biblischen Begriffe des steinernen Herzens (»lev ha'éven«, Ezechiel 36,26) oder der Verhärtung des Herzens des Pharao im Buch Exodus (»wajjech'záq lev-par'óh«, »wajjachbéd et-libbó« u. ä.) sind der Beobachtung und Benennung von Seelenblindheit und Seelenmord besonders bei Goethe und Ibsen zu vergleichen – Beobachtungen, die im psychoanalytischen Studium von Traumatisierung und Scham heute ausschlaggebend wichtig geworden sind. Sie werden in der Thora jenem Grundgebot »Liebe deinen Nächsten wie dich selbst« gegenübergestellt, wie auch der Achtung vor dem Fremden, der Rücksicht auf den Leidenden, den Schwachen, auf die Witwe und Waise, der Barmherzigkeit überhaupt, sogar der Rücksicht gegenüber dem leidenden Tier und dem Schutz der Natur.

Darüber hinaus ist es die Heiligung des Körperlichen, der Sexualität, und die Heiligkeit des Lebens überhaupt, die Ehrfurcht vor dem Einzelnen und die Achtung vor seiner Würde. Wir sahen schon, wie jemanden zu beschämen Blutvergießen gleichgestellt wird und wie die Tötung eines Menschen der Vernichtung einer Welt gleichkomme. Ein Gerichtshof, beth-din, der einmal in 70 Jahren ein Todesurteil ausgesprochen hat, wird ein Blutgericht genannt. Wir hören von der sozialen Gerechtigkeit, den Verpflichtungen des Arbeitgebers gegenüber dem Angestellten im Talmudtraktat Bava Metzia, nach dem Prinzip »liphním mishurát haddín«: über den Wortlaut des Gesetzes hinauszugehen im Sinn der Fürsorge. All das ist ethisches Denken, das, obzwar sehr allgemein und unspezifisch, auch der Psychoanalyse zugrunde liegt, ihrem Idealbild und Selbstverständnis nicht fremd ist.

Diese ganze Negativität der Dehumanisierung, der Verdinglichung der Seele, verweist aber auf die Ur- und Grundsünde des Götzendienstes, wo das Dingliche (Besitz, Staat, Amt: »das Goldene Kalb«) für das Menschliche, das Allgemeine und Abstrakte für das Individuelle, Persönliche gesetzt werden. Entsprechend besteht im Judentum ein tiefes Mißtrauen gegen ein Glauben an das Mythische, gegen die Hingabe an die Bilder, an die irrationalen Urmächte der Tiefe, wenn sie nicht im Ritual und in der Wortwelt der Überlieferung eingebunden sind und nicht immer wieder mit dem Ethischen in Bezug gesetzt werden.

In diesem Sinn, und die Idee noch weiter in das Existentielle vertiefend, pflegte Ben Azzai zu sagen: »Halte keinen Menschen für gering [al-t'hi baz, verachte nicht] und keine Sache für zu fernliegend, denn es gibt für dich keinen Menschen, dem nicht eine Zeit [Stunde] gehörte, noch gibt es für dich eine Sache, der nicht ein Ort gehörte« (Pirqé Avót, 4,3).

Ouaknin (1999, S. 50) weist darauf hin, daß bei der Anordnung der Volkszählung (Exodus 30,12 und Numeri 1,2) der Ausdruck gebraucht wird: »Erhebet den Kopf der ganzen Gemeinde Israel« und, damit es nicht zum Unheil, zu einer Seuche, komme, solle jeder einen halben Schekel zahlen. Der Text zeige zugleich die Notwendigkeit der Zählung wie deren große Gefahr: »Sicher müssen Zählungen gemacht werden, denn menschliche Gesellschaften können nicht ohne sie verwaltet werden. Doch dürfen sie nicht in eine anonyme Operation verwandelt werden, die das Gesicht auslöscht, und damit die Originalität jedes einzelnen Menschen. Wenn Menschen nicht mehr sind als Zahlen, kann unvorstellbares Entsetzen zum Alltagsgeschehen werden. Man muß zählen. So sei es! Aber bei dieser Zählung müssen die Leute dazu imstande sein, ihren Kopf zu heben, lassét et harósch, und so ihr Gesicht und ihre Würde zu zeigen.«

Scham sei unerträglicher als Hunger, sagt Rav Huna (Talmudtraktat Bava Batra). Hüllen der Ehre seien wesentlich zur Beschützung der Seelen, die sich ins Geistige erheben, sagt der Zohar: Als Moses in das Reich des Göttlichen stieg, um die Thora zu empfangen, streifte der Regenbogen seinen Strahlenglanz ab, der »im Bilde der Ehre Gottes« ist (Ezechiel 1,28), und gab ihn Moses zu seinem Schutz. Nur mit der Kleidung des Regenbogens war Moses fähig, »hinaufzugehen und zu sehen, was er sah«. Wenn ein Mensch stirbt, fährt der Zohar fort, umhülle Gott seine Seele in Kleidern, die aus einem bestimmten Gottesnamen gewoben sind, um ihn zu schützen, bis er seinen Ort im Himmel erreiche. Der Hohepriester mußte seine Kleider göttlicher Ehre tragen (der Name Gottes war in sein Stirnband eingewoben), wenn er das Allerheiligste im Tempel betrat, um am Leben zu bleiben (Odenheimer 1999, S. 25; Übers. v. L. W.).

Ich habe sehr diese Achtung für das Persönliche ins Zentrum gestellt. Doch wäre es unfair, deren Gegenpol, die Verdinglichung des Menschen, zu übersehen. Immer wieder begegnen wir auch jenem kategorialen Denken, das den Einzelnen seines Eigenwerts beraubt – wenngleich wir immer auch an frappante Gegenbeispiele denken können. Was besonders in den Sinn kommt, ist die Hintansetzung und Entwürdigung der Frau in Ritual und Rechtsprechung, eigentlich auch die Nichtbeachtung der Würde der Kinder als eigener Wesen, oft auch der Nichtjuden. Es ist wichtig, die Ideen und Ideale mit deren Verwirklichung zu vergleichen.

Überhaupt ist die Stellung der Frau gegenüber ambivalent. Zwar finden wir Ausdruck hoher Achtung und ihrer Würde, auch Zugestehen des Lernens, der Teilnahme am Gottesdienst, sogar ihrer Rolle als Prophetin und Führerin. Teil der Einweihung des Schabbath besteht in der Rezitation des Schlußgedichts der »Sprüche« (31,10–31): »Éschet chájil mi jimtzá – Was für ein großer Fund ist ein wackeres Weib! Ihr Wert ist weit über dem von Edelsteinen . . .« Sowohl in biblischer wie in nachbiblischer Zeit waren große Frauengestalten Führerinnen, Königinnen, Gestalten geistiger Luminosität, wie Deborah und Miriam zu biblischer Zeit, die gelehrte Frau von Rabbi Meir, Beruriah, die jeweils von den anderen talmudischen Weisen konsultiert wurde, Chephzibah, die Verteidigerin von Jerusalem gegen die Byzantiner im Jahr 629 n. Chr. und die jüdische Berberkönigin und -priesterin Kahina Dahija, die 694 n. Chr. Nordafrika gegen die arabisch-muslimische Invasion verteidigte.

Es gibt viele Stellen im Talmud, wo die Zeugenschaft, die Expertise und die Weisheit, aber auch die Gelehrtheit und die Lösung von Rechtsrätseln den Frauen zugestanden wird, wo, wie es Judith Abrams sagt, die Thora als nicht geschlechtsgebunden, die Tugend als Quelle der Macht angesehen wird und wo den Frauen die Erkenntnis der Wahrheit ebenso wie den Männern zugestanden wird (Abrams 1995, S. 172).

Und doch überwiegt in den Schriften und Traditionen die Ansicht ihrer rituellen Untergeordnetheit und ihrer legalen Inferiorität, und damit auch ihrer Benachteiligung. Der Körper der Frau, ihre Stimme, das Zusammensein oder Sprechen mit ihr – alles wird zur Gefahr gemacht und phobisch vermieden. »Die Stimme der Frau ist Unzucht (oder: verführerisch, Ursache von Scham) – Qol be'ishá erwáh« (Talmudtraktat Berachót, 24a), behauptet Rabbi Shmuel, und dieser Gedanke wird von Ultrareligiösen zum Anlaß genommen, den Frauen das öffentliche Gebet in Synagoge oder an der Westmauer (»Klagemauer«) in Jerusalem zu verwehren. Allen ist es erlaubt, im Gottesdienst zum öffentlichen Gebet aufgerufen zu werden, heißt es im Talmud, »sogar einem Minderjährigen und sogar einer Frau, aber die Weisen sagten, eine Frau solle nicht aus der Thora vorlesen aus Rücksicht auf die Würde (oder Ehre) der Gemeinde (mipné kevód tzibbúr)« (Talmudtraktat Megillah, 23a).

Ein anderer, viel tieferer Aspekt bezieht sich aber auf die *Weiblichkeit in Gott.* Ich erwähnte schon den Midrasch von der Erschaffung der Welt in den beiden Dimensionen von Gerechtigkeit, Din, und von Barmherzigkeit, Rachamím. Ich erwähnte jedoch dort noch nicht, daß »rachamím« von »réchem«, »Mutterschoß, Uterus«, abgeleitet ist – also sich auf etwas unzweideutig Weibliches bezieht.

Doch dann gibt es den Gottesnamen *Schaddai,* der in der Abrahamgeschichte gebraucht und dann im Offenbarungsmythos am Berg Horeb (Chorev) gegenüber Moses durch den von JHWH zwar nicht ersetzt, doch überschattet wird, JHWH am ehesten in der Bedeutung von: »der werden läßt, der Sein schafft« – doch hier als der, der die Befreiung der Sklaven unter den Juden befiehlt und die Befreiung vom Joch des Pharao verheißt und gebietet. Doch was bedeutet »Schaddai«? In Jakobs Segen von Joseph (Genesis 49,25), wird in einer uralten Form des Hebräischen gesagt: »Vom Gott (El) deines Vaters, er helfe dir, und von Schaddai – er segne dich: Segnungen des Himmels von droben, Segnungen des Wirbels (Tehom, für Urabgrund, Urwasser), der drunten kauert, Segnungen von Brüsten und Schoß (birkót schadájim warácham)! Die Segnungen deines Vaters wuchsen an die Segnungen der ewigen Berge, an die Lust der Weltzeit-Höhen« (Bubers Übersetzung, leicht modifiziert, S. 146). Es ist der Gott, der an der Brust nährt, der Fruchtbarkeit verheißt (Genesis 28,1; 35,11), *Gott als Unendliche Mutter.* Das Mütterliche im Göttlichen spielt späterhin eine wesentliche Rolle in der Kabbala. Im Alénu-Gebet zum Schluß des Gottesdienstes heißt es denn auch: »letaqén olám bemalkút Schaddái – die Welt zu heilen durch die Majestät von Schaddai, des Nährenden«.[72]

Gleichheit und Unterordnung

Eine besonders bedeutsame Erweiterung dieser tiefen Gegensätz-
lichkeit von Person und Kategorie besteht in der Polarität der
Gleichheit und Gleichberechtigung der Menschen gegenüber dem
Hierarchischen, der Notwendigkeit der Staatsorganisation.

Dieser Gegensatz geht aber weit zurück, nämlich ganz auf die
Anfänge eines Familien-, Klan-, Stammes- und Bundesgottes und
auf den gegenseitigen Loyalitätsvertrag zwischen Gott und Stammvater sowie zwischen den Mitgliedern dieser Eidgenossen. Alle
werden als Verwandte, als »kinsmen«, erlebt und behandelt: sie
haben ein Leben, sind eines Fleisches und Knochens (»ach atzmí
uvesarí áta – wahrhaftig du bist meines Gebeins und meines Fleisches«), wie es Laban seinem Neffen Jakob gegenüber beteuert
(Genesis 29,14; s. Cross 1997, S. 4). Dem Klanverwandten gegenüber ist man so verpflichtet wie sich selbst, wie seiner eigenen
Seele. Liebe (ahavá) und Loyalität (chéssed) machen diese Bindung
aus. Ursprünglich ist also das Gebot »Liebe deinen Nächsten wie
dich selbst« das Gebot der Familienliebe, -verpflichtung und -treue
– Familie eben in diesem sehr weiten Verständnis (Cross, S. 5). Gott
ist der Vätergott; er ist ein Verwandter (»Their god was the Divine
Kinsman«, S. 6). »Am« (Volk) ist wirklich Verwandtschaft, »kind-
red« (»Yahweh is the god of Israel, the Divine Kinsman, the god of
the covenant«, S. 12). Der israelitische Stammesbund ist ursprünglich die »Familie von Jahwe« (»The Israelite league was called the
am Yahweh; indeed, this is the old proper name of the league«,
S. 12).

Während Hunderten von Jahren war dieses Vertragsbündnis mit
seiner fundamentalen Gleichheit jedes Mitglieds eine mächtige Ge-
genkraft gegen das Hierarchische der Gesellschaft und namentlich
gegen den Absolutismus des Königs (»the law of the league re-
mained a check on kingship«, Cross, S. 17). Die Stämme mit ihren
einfachen Zeltheiligtümern und der Gleichberechtigung ihrer Eidgenossen waren dem zentralen Tempelheiligtum entgegengestellt.
Der Tempel des phönizischen Gottes Baal stand dem schlichten Zelt
des Vatergottes El, der von Israel übernommen wurde, gegenüber.
Der Tempel des Baal diente der Selbstherrlichkeit des Königtums;
seine Ideologie war absolutistisch, unbedingt. Das Zelt des El war

die Wohnung des Gottes des Vaters, des Bundes und des Bündnisses; es war das Zelt der Versammlung und der Gerichtsbarkeit (Cross, S. 91). Diese Spannung wurde nie aufgehoben, solange die Monarchie bestand. Als Königreich und Tempel zusammenbrachen, setzten sich, auf weit höherer, symbolischer Ebene, jene alten Werte von Individualismus und Gleichberechtigung, der Würde des Einzelnen wieder stärker durch.

Aussonderung gegen Gemeinsamkeit – Partikularismus gegen Universalität

Eine weitere Fassung jener Gegensätzlichkeit von Individualität und Kategorisierung kann im Gegensatz Besonderheit (»specialness«) und Zusammengehörigkeit, nun im Nationalen gegenüber dem Allgemein-Menschlichen gesehen werden.

Eines der Gebete zum Neumond endet mit dem Satz: »Chaverím kol Jissraél!« »alle in Israel sind Freunde« (lit.: »Freunde [sind] ganz Israel«). Der schon früher zitierte Satz der gegenseitigen Verantwortlichkeit wird oft variiert:»Ganz Israel bürgt füreinander, kol Jissraél arevím zeh ba zeh.« In der Fassung in Sanhedrin fehlt der spezifische und explizite Bezug auf das Volk; in der üblicherweise zitierten Form findet sie sich. Dasselbe gilt für einen anderen, überaus wichtigen Passus aus der Mischna: »Daher ist der Mensch als einzelner erschaffen worden. Es soll dich lehren, daß, wer eine einzige Seele [aus Israel] vernichtet, es ihm von der Schrift angerechnet wird, als ob er eine ganze Welt vernichtet hätte. Und wer ein einziges Leben [aus Israel] gerettet hat, die Schrift rechnet es ihm an, als ob er eine ganze Welt gerettet hätte« (Mischna Sanhedrin, 4,5; Sanhedrin, Talmud Bavli, 37a). Die Passage betont die absolute Einzigartigkeit des Menschen, des Einzelnen; sie drückt, wie viele andere Stellen (wir sahen es schon in den vorausgehenden Kapiteln), die unverletzbare Würde des Individuums aus. Aber sie denkt auch an das Potential des Einzelnen: Er schafft selbst eine neue Welt in seinen Nachkommen. Im jetzigen Zusammenhang der Komplementarität im Judentum von *Partikularismus* und *Universalität* erwähne ich die Stelle lediglich als Hinweis auf die Doppelheit, die in den verschiedenen Formulierungen zum Ausdruck gelangt.

Doch nur innerhalb der Absonderung schien es möglich, den beiden Idealen von Identität und Solidarität voll gerecht zu werden: »[Die Männer der Großen Gemeinde] sprachen drei Worte: Seid überlegt im Gericht, stellet viele Schüler auf, und *machet einen Zaun um die Lehre*!« (Pirqé Avót [Sprüche der Väter], 1,1).

»Rabbi Aqíva sagte: ›Liebe deinen Nächsten wie dich selbst – das ist ein großes Prinzip in der Thora.‹ [Sein Schüler] Ben Azzai sagte: ›Und das ist das Verzeichnis der Nachkommen Adams [Als Gott den Menschen erschuf, machte er ihn Gott ähnlich] – es ist ein noch größeres Prinzip‹.« »Während Rabbi Aqívas Prinzip lehrt, den Nächsten zu lieben, der einem gleich ist, ist Ben Azzais Prinzip universeller: liebe alle Menschen, denn sie sind Nachkommen des gleichen gemeinsamen Ahnen« (Naditch 1998, S. 31). Beide Prinzipien wurzeln im Religiösen, beide erheben Anspruch auf allgemeine Gültigkeit (im Kantschen Sinne); doch sind sie unter den historischen Umständen in unlösbaren Widerspruch zueinander getreten. Ebenso mußte sich in der Galuth (Exil) jener Wille zur eigenen Identität notwendigerweise in Gegensatz zum absoluten Vertrauen auf die göttliche Gerechtigkeit, zum passiven Erwarten des Erlösers setzen: Wollte man dem Eigensten die Treue wahren und achtete man, dem Ewigen vertrauend, auf die geschichtlichen Drohungen nicht, war man dem Untergang geweiht.

Das Gebot der Liebe zum »re'a«, zum Nächsten, Nachbarn, Anderen, kann eng und weit gedeutet werden. Der Unterschied wurde immer wieder polemisch gebraucht: Das Judentum kenne, im Gegensatz zum Christentum, nur die Liebe zum israelitischen Mitbürger, Nächstenliebe sei eben noch nicht Liebe zur Menschheit. Was immer an diesem Haken des »re'a« festgemacht wurde, wird durch das folgende entkräftigt: Das Wesentliche, das ohne Zweifel universell ist, ist jenes Gebot, den Fremden zu lieben.

So ist es die Antithese der Werte des Individuellen, je Einzigartigen, Schöpferischen – gegenüber den Werten der Gemeinschaft synchronisch und diachronisch, der Zusammengehörigkeit, der Solidarität von Familie, Gruppe, Volk und Menschheit. Damit ist es auch der Gegensatz des Partikularistischen, Besonderen, Ausgegrenzten, Einzigartigen – gegenüber dem Humanismus, der Bedeutung des Zusammenhangs und der Zusammengehörigkeit mit dem Allgemein-Menschlichen, der vielfachen Verbindungen mit den anderen Weltkulturen durch die Geschichte.

Der Zohar deutet die Aufforderung an Abram (= der »hohe Vater«: Abraham), sich auf den Weg zu machen (»lech lecha«), »aus deinem Land, aus deiner heimatlichen Familie [dem Ort deiner Geburt] und aus dem Haus deines Vaters«, als die Fahrt der Seele aus ihrer göttlichen Wohnstatt in den menschlichen Körper, und wandelt damit die Erzählung eines Besonderen zu einem allgemein menschlichen Geschehen: »›Vater‹ für den Körper, und ›hoch‹, vom Ort des Höchsten« (Schorsch, 31.10.1998).[73]

Diese gegenseitige Gegnerschaft, eben das Wesen einer »Gegenreligion«, die ich (in Anlehnung an Assmann) im geschichtlichen Abschnitt in bezug auf Ägyptertum und Judentum umrissen habe, spiegelt sich wider im Partikularismus des »auserwählten Volkes – am segullah«: segullah bedeutet Besitz, Privateigentum (auf akkadisch ist »sugullu« die Rinderherde [Köhler u. Baumgartner 1953]): »... die Position des Königs ... [wird] durch das ›Volk‹ ersetzt, das genau so ›erwählt‹ wird, wie der ägyptische Reichsgott den König erwählt. ... Nicht nur ›Jahwe‹, sondern auch ›Israel‹ füllen die Stelle aus, die in der ägyptischen Welt Pharao einnimmt« (Assmann 2000a, S. 48 f.).

Dieser Partikularismus geht aber noch weiter zurück, nämlich ganz auf jene eben beschriebenen Anfänge des Familien-, Klan-, Stammes- und Bundesgottes.

Die Spannung zwischen diesen beiden Polen von Partikularismus und Universalismus geht durch die biblische, rabbinische und spätere jüdische Literatur. Unzählige Zitate können für beide angeführt werden. Die schönste Diskussion dieses Wertkonflikts, die mir bekannt ist, entstammt einer Stelle in George Eliots »Daniel Deronda«, jenem Werk, das sich zentral mit dem Judentum beschäftigt (s. meine Arbeit über George Eliot, in Kap. IX meines Buches »Magische Verwandlung und tragische Verwandlung«, 1999): »Jede Nation hat ihre eigene Arbeit und ist ein Mitglied der Welt, die bereichert wird durch die Arbeit jeder einzelnen [Nation].«[74] Gesondertheit steht im Gegensatz zum »Komfort der Verfälschung – ease of falsity«, doch ergänzt sie die Verbindung zur Menschheit, »das Gleichgewicht von Getrenntheit und Verbundenheit – the balance of separateness and communication«. »Wähle unser volles Erbe, beanspruche die Bruderschaft unserer Nation und bringe in sie eine neue Bruderschaft mit den Nationen der Nichtjuden. Die Vision ist dort; sie wird erfüllt werden«.[75] So handelt es sich wieder um das Gleichgewicht von Nationalismus und Universalismus, die schöpferischen Konflikt und Komplementarität im Judentum bedeuten: »Die göttliche Einheit umfaßt als ihre Folge die schließliche Einheit der Menschheit«.[76]

Doch wird der gewaltige Gegensatz und die innere Spannung am grellsten durch die Katastrophe des Jahrs 70 beleuchtet. Darauf möchte ich nun etwas eingehender zu sprechen kommen. (s. »Die zerbrochene Wirklichkeit«, 3. Aufl. 2001, Kap. VI; s. a. auch Freud in seinem Moses-Buch von 1937/1939, worin er diese Episode nimmt, um die Zentralität des Schrifttums und daher des Geistigen in der jüdischen Kultur zu illustrieren).

»In jenen Tagen [während der Belagerung Jerusalems] waren die Birjoné [die Außenseiter, Extremisten, Fanatiker] unter der Kontrolle der Stadt. Die Gelehrten sagten ihnen: ›Wir wollen hinausgehen und Frieden machen mit ihnen.‹ Jene ließen sie nicht gehen, sondern sagten ihnen: ›Wir wollen hinausgehen und Krieg machen gegen sie.‹ ›Ihr werdet nichts ausrichten.‹ Jene erhoben sich und verbrannten die Speicher von Weizen und Roggen, so daß es zur Hungersnot kam ... Abba Siqra, der Anführer der Birjoné in Jerusalem, war der Neffe von Rabban Jochanan ben Zakkai. Dieser [Jochanan] sandte nach ihm: ›Komm zu mir im Verborgenen!‹ Als er kam, sagte ihm Rabban Jochanan: ›Wie lange werdet ihr so handeln und das ganze Volk durch Hunger töten?‹ Er antwortete: ›Was kann ich tun? Wenn ich ihnen ein Wort sage, werden sie mich sogleich töten.‹ Rabban Jochanan sagte: Entwirf mir einen Fluchtplan. Vielleicht wird ein wenig zu retten sein (efschár dehawei hazalá forta).‹«

Abba Siqra riet ihm daraufhin, sich krank zu stellen und seinen Tod vorzutäuschen. Rabban Jochanan tat so und wurde im Sarg durch die Reihen der die Stadtmauern bewachenden Birjoné hindurchgeschmuggelt und zum römischen Kommandanten Vespasian gebracht. Er redet diesen als König an, was dieser ärgerlich abwehrt.

»›Warum bist du nicht eher gekommen?‹ ›Ich kam nicht früher, da die Birjoné bei uns sind und mich nicht ließen.‹ Vespasian sagte ihm: ›Wenn man ein Gefäß mit Honig hat und eine Schlange sich darum windet, ist es nicht so, daß man das Gefäß wegen der Schlange zerschlägt?‹ Rabban Jochanan schwieg. Auf ihn wandte Rabbi Joseph (andere sagen: Rabbi Aqiva) das Wort an: ›Er schickt die Weisen zurück und verkehrt ihr Wissen zur Torheit [Jesaia 44,25]. Er hätte sagen sollen: Wir nehmen eine Zange und packen damit die Schlange und töten sie, und wir lassen das Gefäß ganz.‹«

Da Vespasian daraufhin erfährt, er sei in Rom zum Kaiser erkoren worden, wie es ihm Rabbi Jochanan angekündigt hatte, sagt er ihm: »Du kannst eine Bitte an mich stellen, und ich werde sie erfüllen.« »Gib mir Javne und seine Weisen und die Kette von Rabban Gamliel [die Gruppe um Rabbi Gamliel] und Ärzte, Rabbi Tzadoq zu heilen.« Wiederum wendet Rabbi Joseph jenes Wort aus Jesaia an und bemerkt: Er hätte ihm doch sagen sollen: »Laß sie [das ganze Volk] für dieses Mal gehen!« Rabbi Jochanan dachte jedoch: »Bestimmt wird er das Ganze nicht gewähren, und dann wird auch das Wenige nicht gerettet werden« (Talmudtraktat Gittin [Dokumente], 56a–56b).

Hier zeigen sich sowohl Gefahr und Schrecken eines extremen Nationalismus und fanatischen Messianismus als auch die in die Zukunft weisende Mäßigung und Vergeistigung in schroffem Gegensatz – ein Konflikt, der auch heute wieder akut und hochaktuell ist. Es war, wie wir sahen, diese im Sarg verborgene und geborgene Weisheit, die das Überleben gestattete. Zugleich war es das Transzendieren einer Bindung an das Land, den Tempel und die Blutopfer und eine Fortführung der allgemein menschlichen ethischen Postulate der Propheten, im Gefäß des Gesetzes und der Schrift.

»Doch gleitet die Besonderheit leicht in Herabsetzung des Anderen, die Auserwähltheit in Verachtung ab«, schreibt Schorsch.[77] Manche Stellen können aus dem rabbinischen Schrifttum zitiert werden, die Ausdruck von Chauvinismus und Ressentiment sind, oft in Zeiten furchtbarer Verfolgung entstanden (unter den Römern oder zur Zeit der Kreuzzüge, auch nach dem Holokaust). Doch stehen ihnen die vielen großartigen Zeugnisse allgemein menschlicher Werte gegenüber. Schorsch weist auf das Grundgebot in Levitikus (24,22) hin: »Einerlei Recht soll unter euch gelten, für den Fremdling wie für den Einheimischen; denn ich bin der Herr, euer Gott.« Dazu kommentiert Raschi, dessen Gemeinde und Familie schwer vom Kreuzzug betroffen worden waren: »›Ich bin der Herr, euer Gott‹, [d. h.] der Gott von euch allen (elohé kulchém): der Name, den ich als meinen Namen über euch besonders setze (mejachéd), setze ich auch besonders über die Fremden (kach aní mejachdó al haggerím).«

Eine andere Stelle bei Raschi drückt denselben Gedanken aus. Im 4. Buch Moses 27,16 wird Jahwe »der Gott der Geister für alles Fleisch genannt (Elohé haruchót lekol-bassár)«. Raschi erklärt dazu: »[Moses] spricht vor ihm: ›Herrscher der Welt! Enthüllt ist vor dir der Sinn (das Verstehen) jedes Einzelnen (da'ató schel kol echád we'echád), und keiner ist dem anderen ähnlich. Ernenne über sie einen Führer (Leiter, manhíg), der jeden Einzelnen je nach seinem Sinn (Verständnis) duldet (schejehé sovél kol echád we'echád lefí da'ató)‹.« (Komm. R. Riskin, Jerus. Post, 28.7.2000).

Heißt das nicht, daß jeder an seinem Ort und in seiner individuellen Eigenart auserwählt ist und daß die Personhaftigkeit des Gottesbildes symbolisch dasteht und für die persönliche Würde des Menschen überhaupt eintritt? Daß jeder »unter seiner eigenen Flagge, in den Zeichen seiner Ahnen«[78] (Numeri 2,2) stehe, wie es symbolisch umgedeutet wird (Midrasch Rabba, Wajiqra 36,2)?

Ein besonders eindrücklicher Aspekt der jüdischen Kultur ist, daß sie über die Jahrtausende hin Aspekte aller Kulturen, in denen sich größere jüdische Gemeinden befanden, in sich integrierte und als Teil der jüdischen Tradition weitergab und so die sonst erloschenen Kulturen weitertrug. So können wir mannigfache Abkömmlinge sumerisch-babylonischer wie ägyptischer Kultur feststellen. Wir sehen das Weiterleben der nordwestsemitischen Kulturwelt des Altertums, der Phönizier und Aramäer. Der Talmud ist voller Traditionen aus römischer, griechischer und persischer Zivilisation, von Hohem wie Niedrigem, Philosophischem wie Abergläubischem. Alle europäischen und arabischen Kulturen des Mittelalters und der Neuzeit finden ihren Niederschlag. Und doch bleibt die Besonderheit, die Identität gewahrt.

VI

Bedeutung und Deutung

»Rav Chisda sagte: ›Ein Traum, der nicht gedeutet wird, ist wie ein Brief, der nicht gelesen wird‹« (Berachót, 55a).

Schorsch sagt: »Sinn ist nicht etwas Gegebenes; wir müssen ihn gestalten und für uns wirken lassen.« Er zitiert das Wort von Jesaja 7,9: »Glaubt ihr nicht, so besteht ihr nicht – im lo ta'amínu, ki lo ta'aménu«: Wenn ihr euch nicht einen Lebenssinn gebet, dann könnt ihr nicht beständig sein. Sinn ist aber doppelsinnig: das, was unserem Leben Wert gibt, und das, was Bedeutung verleiht.

In einer Diskussion über gegensätzliche Besitzansprüche (konkret auf ein Kleidungsstück) sagt die Gemara (Báva Metzía, 3A): »Wer sagt, daß jemand lügen muß – mi jemar de'ikka rammai?« Steinsaltz kommentiert (ich zitiere J. Gellis, der mich auf diese Stelle aufmerksam gemacht hat): »Jeder meint subjektiv, er habe zuerst den Fundgegenstand aufgehoben und ist bereit, dafür einen Schwur zu leisten. Und wenn beide schwören, so ist es nicht zwingend, daß einer von beiden lügt.«[79] Die Wahrheit im Seelischen und Mitmenschlichen ist oft doppelt, in sich widersprüchlich; der Aristotelische Satz vom Widerspruch ist nicht unbedingt gültig. Dasselbe erkannte George Eliot in einer bedeutsamen Stelle in »Daniel Deronda« (s. Wurmser 1999, S. 353).

Psychoanalyse und Judentum leben und wirken im Bereich des Deutens: im Suchen des verborgenen und oft in sich selbst vieldeutigen, sich selbst widersprechenden Sinnes (Freud spricht von der *mehrfachen Determinierung* oder *Überdeterminiertheit*, speziell bei Traumelementen; aber diese gilt für das Psychische überhaupt), ganz ähnlich, wie wir es eben in dem Gemara-Zitat angetroffen haben. Beide aber leben und wirken auch im Bewußtsein jener anderen Sinnhaftigkeit, der als Wert: sowohl der Verpflichtung wie der Wahrheit, sowohl der Würde, wie der Verantwortung. »Judentum sucht nicht, unser Denken einzugrenzen, nur unser Handeln«, sagt Schorsch.[80] Wir sahen es in der Geschichte aus Bava Metzia von Rabbi Eliezer ben Hyrkanos: Göttliche Offenbarung wird menschlicher Deutung untergeordnet.[81]

Die Deutungsstrategien in der rabbinischen und der psychoanalytischen Tradition haben viel miteinander gemeinsam. Die genaue Beachtung der Abfolge der Worte und Passagen eröffnet deren tiefere Bedeutung, über die Oberflächenverbindung hinaus.

Judentum und Psychoanalyse sind auch tief vereint im Kernwissen um Konflikt – Konflikt zwischen Werten und Ideen, Konflikt zwischen Deutungen, der Doppelheit des Verstehens. Wenn Ouaknin (1986) den Psalm 62,12 zitiert: »Gott hat einmal gesprochen; zweimal habe ich dies vernommen – achát dibbér elohím, schtáyim zu shamá'ti« und auf die Doppelheit der Wahrheit, deren Sichtbarkeit und Unsichtbarkeit hinweist, nach einem Ausspruch im Talmudtraktat Yoma, 54a, »nir'ín we'én nir'ín – sie sind sichtbar und sie sind nicht sichtbar« so heißt dies nicht nur Widerspruch, sondern auch gegenseitige Ergänzung, nicht nur Konflikt, sondern Komplementarität in beiden, dem psychoanalytischen und dem jüdischen Verstehen von Mensch, Gesellschaft und Welt.

Immanenz und Transzendenz – Natur und Geschichte

Es besteht eine tiefe Weise der Gegensätzlichkeit von Deutung und Bedeutung und damit der Konflikthaftigkeit in der Antithese zwischen der Verehrung der Natur als Werk Gottes und des Wortes als Sprache Gottes; er geht auf die Bibel selbst zurück. Noch genauer ist es, wie Schorsch dargestellt hat (Komm., 9.10.1999, Bereshit), der *Gegensatz von Natur und Geschichte*: In der Thora bestehe ein tiefes Mißtrauen gegenüber der natürlichen Welt: »Das Pauschalverbot gegen das Herstellen von Bildern der Naturwelt ist eine Schutzmauer gegen Götzendienst, dagegen, daß das Symbol selbst angebetet werde statt dessen, wofür es steht.« Es werde darauf bestanden, daß die Gotteserfahrung rein auditorisch ist und ohne sichtbare Form. Statt der Natur sei es die Geschichte, die von der Thora als der einzige Bereich ausgezeichnet werde, wo die Macht und das Mitleid Gottes zur Geltung komme. Die Wunderwerke Gottes zeigen sich nicht in der Großartigkeit der Natur, sondern in den geschichtlichen, also menschenbezogenen Wundern.

Die Verehrung Gottes in der Natur erfolge – so weiter Schorsch – erst in den späteren Büchern der Bibel, den Psalmen und Hiob. Diese beiden Dimensionen, die *menschheits-geschichtliche* und die *naturbezogene*, zeichnen sich auch vorwegnehmend in den beiden Schöpfungsgeschichten zu Beginn der Bibel ab: der Schilderung, die sich auf die Schaffung des Kosmos konzentriert (Genesis 1) und der, die sich um die Urgeschichte des Menschen gruppiert (von Genesis 2,4 an).

Für die eingangs erwähnte prinzipielle Transzendenz – Gott als jenseits der Welt – gibt es einen schönen exegetischen Satz in Midrasch Rabbah, 68,9 (in meiner hebr. Ausgabe 68,10): »Rabbi Huna fragte im Namen von Rabbi Ammi: Warum ändert man den Namen des Heiligen und nennt ihn Maqóm, Ort? Da er der Ort der Welt ist, und *seine Welt ist nicht sein Ort* (schehú m'qomó schel olám, we'én olmó m'qomó). Woher wissen wir das? Von der Stelle [Exodus 33,21]: ›Hier ist ein Ort bei mir‹ (und stell dich hin auf den Felsen).«

Genauer gesagt ist es auch hier wieder eine wesentliche Polarität in der Gottesauffassung zwischen Immanenz und Transzendenz, zwischen der Gottesgegenwart in der Großartigkeit der Natur und seiner prinzipiellen Jenseitigkeit und Übernatürlichkeit (Schorsch, Komm. Ki Tissa 5760, 26.2.2000). Seine Heiligkeit liegt in der Zeit, nicht im Raum. In den Worten von Abraham Heschel (zit. von Schorsch, s. o.): »Die Zeit wurde von Gott geheiligt; der Raum, das Stiftszelt (mischkan), wurde von Moses geweiht. ... Heiligkeit im Raum, in der Natur, war anderen Religionen bekannt. Neu in der Lehre des Judentums war es, daß *die Idee der Heiligkeit sich allmählich vom Raum zur Zeit verschob, vom Reich der Natur zum Reich der Geschichte, von den Dingen zu den Geschehnissen.* Der körperlichen Welt wurde jede ihr innewohnende Heiligkeit benommen. Es gab keine von Natur aus heiligen Pflanzen oder Tiere mehr. Um heilig zu sein, mußte eine Sache durch eine bewußte Handlung des Menschen geweiht werden« (Hervorh. v. L. W.).

Der Gegensatz zwischen Natur und Geschichte ist in der Tat eine die ganze jahrtausendealte Wertewelt des Judentums umgreifende und bestimmende Polarität. Die Antithese von Körper und Geist wächst allmählich aus ihr. Doch war es gerade ein Charakteristikum des Judentums bis ins Mittelalter hinein, daß die Einheit von Körper und Geist, die Vergeistigung und Heiligung des Körpers, betont wurde. Mehr und mehr stellt sich aber die Gegensätzlichkeit der Achtung für Körper und Natur, ja deren Heiligung, gegenüber der Macht des Wortes, des Buches, des Textes heraus. Wie schon früher erwähnt, wurde das jüdische Volk nach dem zwiefachen Exil das »Volk des Buches – am hasefer« genannt. Seine Welt wurde mehr und mehr die des Lernens und des Deutens, die der Vertiefung in das Gesetz und in die Sinnhaftigkeit des Wortes. Im Lauf der extremen Ghettoisierung hieß das eine Einschränkung auf ganz wenige Berufe und eine Einkapselung in enge, eingemauerte Wohnviertel oder arme Dörfer, und damit nicht selten ein Abschneiden von der Welt der Natur und der Welt der Körperlichkeit. Juden wurden »Luftmenschen«, abgelöst vom Boden, vom Praktischen, vom Körperlichen. Ihre hohe Intellektualität und Geistigkeit mußte das Verlorene ersetzen, führte zugleich aber nur noch weiter weg davon. Talmud und Mystik wurden zur einzigen Wirklichkeit.

Dies war nicht überall der Fall. Das spanische Judentum in seiner Hochzeit von 1000 bis 1400, der »goldenen Zeit der convivencia« (des Zusammenlebens), vermochte sich sowohl im christlichen Norden wie im maurischen Süden dieser doppelten Spaltung, von Naturwelt und Geisteswelt, von jüdischer Gemeinschaft und den sie umgebenden Gemeinschaften, zu entziehen.

Körper und Geist

Wenn wir die eben betrachtete Sinnpolarität von Natur und Geschichte verfeinern und vertiefen, kommen wir zu dem großen Thema des Gegensatzes zwischen Körper und Geist. Ich möchte dieses auf dem Umweg über die Verantwortung dem Natürlichen gegenüber angehen, und damit dem ethischen Problem der Achtung vor dem Tier und vor der Natur überhaupt.

Die ethische Verantwortung besteht nicht nur dem Mitmenschen gegenüber, sondern auch gegenüber dem Tier.[82] So heißt es in Deuteronomium 22,6: »Wenn du unterwegs auf irgend einem Baume oder auf der Erde zufällig ein Vogelnest mit Jungen oder Eiern findest, und die Mutter sitzt auf den Jungen oder auf den Eiern, so sollst du nicht die Jungen samt der Mutter nehmen. Die Mutter sollst du fliegen lassen und nur die Jungen nehmen, auf daß es dir wohl ergehe und du lange lebest.« Maimonides sieht dieses Gebot als Ausdruck davon, keiner lebenden Kreatur Schmerz zuzufügen (tzar ba'alé chájim) und daß Bindung und Liebe zwischen Eltern und Kindern sich auch auf die Tiere erstrecke (Moré Nevuchím, III, 48).

Anderswo sagt aber Maimonides: »Wären diese Gebote durch Mitleid bestimmt worden, hätte Gott uns nicht erlaubt, die Tiere überhaupt zu schlachten.« In einer idealen Welt sollten, nach jüdischer Ansicht, Tiere nicht geschlachtet werden, und, wie der Talmud sagt, nährten sich vor Noah und dem Geschlecht der Sintflut die Menschen auch nur von Früchten und Gemüsen. In Sanhedrín 59b heißt es denn auch: »Rav Jehuda sagte im Namen von Rav: Dem ersten Menschen [Adam] war es nicht erlaubt, Fleisch zu essen. Denn es steht geschrieben [Genesis 1,29 f.]: ›Euch wird es [Frucht und Kraut] zum Essen sein ... und allen Tieren der Erde‹, aber die Tiere der Erde sollen euch nicht zum Essen sein. Erst wie die Kinder Noahs kamen, erlaubte er es ihnen: ›Wie das grüne Gras habe ich euch alles gegeben‹ [d. h. das Fleisch der Tiere, s. Genesis 9,3]«, doch mit Ausschluß von Blutgenuß, von Gliedern lebender Tiere und so weiter.

Lediglich als Konzession an die menschliche Natur, unter den strengen Einschränkungen der Kaschrut (d. h. dessen, was als koscher, als zum Essen erlaubt ist), wurde der Fleischgenuß erlaubt. Entsprechend sagt der große Rabbi Meir von Rothenburg im 13. Jahrhundert, man sage keinen Segensspruch darüber, wenn man den Muttervogel wegsende, da, nach den Worten von R. Joseph Ibn Plat (12. Jh.), es eine Pflicht (mitzva) sei, die aus einer Sünde hervorgehe (haba'á be'averá).

In Prediger 7,13 (Zwingli-Bibel: 14) steht: »Betrachte das Walten Gottes! Wer kann gerade machen, was er gekrümmt hat?« Dazu sagt der Midrasch Rabbah: »Als Gott den ersten Mann geschaffen hatte, nahm er ihn und brachte ihn zu allen Bäumen des Garten Eden. Er sagte ihm: ›Schau auf meine Werke, wie schön und wunderbar sie sind! Alles, was ich geschaffen habe, habe ich geschaffen für dich. Gib acht, daß du meine Welt nicht verdirbst und zerstörst!

Denn wenn du sie verdirbst, gibt es niemanden, der sie nach dir wieder richtig stellen kann.‹«

Im selben Sinn heißt es schon in der Thora, und zwar in Deuteronomium 20,19, man solle bei der Kriegführung nicht die Fruchtbäume umschlagen. Dies wird erweitert zum Verbot jeglicher frivolen, sinnlosen Zerstörung (»bal taschkít«, Maimonides, Mishneh Thora; zit. n. Telushkin 1994, S. 439). Es erweitert sich zur Ehrfurcht vor allem Lebendigen, ja allem Geschaffenen.

Auch der Körper und die Sexualität werden als Gottes Werk geachtet und geheiligt. Entsprechend ist ein großer Teil der Ritualgesetze auf körperliche Reinheit und geordnete Erfüllung der Sinnlichkeit gerichtet. Körper und Seele haben die gleiche Wichtigkeit und werden nicht dualistisch voneinander geschieden. Die Heiligkeit des Körpers führt zu sehr vielen Geboten der Reinlichkeit. Manche mögen magischer Herkunft sein, und doch konvergieren sie alle im Schutz des Lebens. Die Ehrfurcht vor dem Leben ist das Zentrale. Tod und Jenseits stehen im Gegensatz zur Heiligkeit des Lebens.

Die radikal andere Einstellung gegenüber persönlicher Hygiene und dem Körperlichen überhaupt wird daraus ersichtlich, wie in Spanien die Inquisition es als Anzeichen versteckter jüdischer oder maurischer Gesinnung bewertete, wenn jemand badete oder sich wusch (Crow 1985, S. 149); Baden und Sexualität wurden gleichgesetzt. Umgekehrt war es ein Zeichen christlicher Heiligkeit, sich nie zu waschen; der »olor de santidad« gehörte zur kastilischen Nobilität und Religiosität (S. 33) (»considered physical dirt as the test of moral purity and true faith«). Sobald Granada 1492 von den Christen erobert wurden, veranlaßte Cardinal Jiménez de Cisneros Ferdinand und Isabella, die maurischen Bäder zu schließen.

Dennoch läßt sich, im Sinn unserer dialektischen Untersuchung, nicht abweisen, daß die positive Einstellung im Judentum gegenüber Körperlichkeit und Sexualität nicht konfliktfrei war; auch sie können zuweilen in Zwanghaftigkeit und phobische Vermeidung umschlagen. Reinlichkeit wird dann zur Peinlichkeit, Kaschrut zur Besessenheit mit Eßzwängen, sexuelle Heiligung (ähnlich übrigens der Entwicklung im Christentum) zur Angst vor Lust und Frau und zur Ausnützung der Frau als bloßem Mittel zur Fortpflanzung.

Der Konflikt zwischen weltlicher und mythischer Geschichte

Wie schon ausgeführt, sieht das Judentum, im Geiste der Thora, die Geschichte, nicht so sehr die Natur, als sichtbarsten Schauplatz des Einwirkens Gottes auf den Menschen (Schorsch, 6.2.1999), doch ist es eine Art archetypischer Geschichte. Was meine ich damit?

Ich schrieb in meinem Buch »Die zerbrochene Wirklichkeit« (1989) ausführlich über die Verleugnung des Vergehens der historischen Zeit und der historischen Gegenwart während eines großen Teils der jüdischen Geschichte nach der biblischen Epoche zugunsten einer überzeitlichen Wiederholung der übergeschichtlichen Thora-Wirklichkeit. Und doch ist deren Gegenpol, die Anerkennung des geschichtlich je Einzelnen, von gewaltiger Bedeutung, und die großen Bedeutungsbögen der Geschichte werden immer wieder einbezogen.

Die konkrete historische Gegenwart der Galuth, des Exils, wird entwertet, wenn nicht überhaupt ganz verleugnet, zugunsten der wahrhaften Wirklichkeit der zeitlosen biblischen Geschichte, von der angenommen wird, daß sie im Kommen des Messias, in der Erlösung und der Heimkehr aus dem Exil wiederkehren werde. Das Gesetz (der Talmud und die halachische Literatur) und die neue Mythologie der innergöttlichen Dynamik und Geschichte (die Kabbala) ersetzen den Begriff der in der weltlichen Geschichte und durch diese hindurch wirkenden Gottheit.

Ein Midrasch aus dem Talmudtraktat Menachót 29b soll diese Auffassung von der überzeitlichen Wirklichkeit illustrieren:

»Rav Jehuda sagte im Namen von Rav: Als Moses in die Höhe stieg, fand er zu seiner Überraschung den Heiligen, gepriesen sei sein Name, dabei, kleine Kronen über die Buchstaben der Thora zu setzen.

›Wer hindert deine Hand? (Was fehlt in der Thora, daß du diese Krönchen einfügst?)‹ fragte Moses.

›Weil am Ende vieler Geschlechter ein Mensch erstehen wird mit dem Namen Aqiva ben Joseph, der auf jedes Spitzchen [dieser Buchstaben] Haufen und Haufen (tellim) von Gesetzen (halachót) ausdeuten wird.‹

114

›Herrscher der Welt, zeige ihn mir!‹ fragte Moses.

›Wende dich um!‹ sagte er ihm.

Moses ging hin und setzte sich hinter die acht Reihen [der Studenten Rabbi Aqivas], und er wußte nicht, worüber sie sprachen, so daß er sich übel fühlte (seine Kraft schwand dahin). Wie sie zu einem bestimmten Thema kamen, fragten seine Schüler ihn [Aqiva]: ›Woher weißt du das?‹

[Rabbi Aqiva] sagte ihnen: ›Es ist ein Gesetz, das Moses vom Sinai her hatte.‹

Moses beruhigte sich, wie er dies vernahm. Er kehrte zum Heiligen, gepriesen sei er, zurück und fragte ihn: ›Herrscher der Welt, du hast einen solchen Menschen und du gibst die Thora durch mich?‹

Er sagte ihm: ›Schweige! So kam es mir in den Sinn (Schtok! Kach alá b'machschavá l'fanáj).‹ Er fragte wiederum: ›Du hast mir seine Lehre (torató, seine Auslegung der Thora) gezeigt. Zeige mir auch seinen Lohn!‹

[Gott] sagte ihm: ›Wende dich um!‹

Er kehrte sich um und sah, wie man sein (Rabbi Aqivas) Fleisch in der Schlächterei abwog. Er sagte: ›Herrscher der Welt! Eine solche Lehre und eine solche Belohnung für sie! (Zu torá w'zu s'chará!)‹

[Gott] erwiderte: ›Schweige! So kam es mir in den Sinn (Schtok! Kach alá b'machschavá l'fanáj).‹

Wie Menachem Fisch (1997) zu diesem rätselhaften Midrasch ausführt, bezieht er sich auf die unvorhersehbare Entwicklung des Verstehens der Halachá (des Gesetzes), den Revolutionen im Verstehen, und damit der ständigen, schöpferischen Weiterentwicklung der Tradition.[83] Moses ist unfähig, sich aus seinem gegenwärtigen Selbst in die Zukunft zu versetzen und von dort aus sein Jetzt zu verstehen. So sage ihm Gott denn auch ungeduldig, er solle halt schweigen und es einfach als Gegebenes annehmen. Und auf diese Weise gehe die schöpferische Verwandlung der Tradition in unberechenbarer, unvorhersagbarer Weise weiter (Fisch, S. 196).

Doch hat dieser Gegensatz eine andere, hochaktuelle Dimension, die wir in identischer Weise auch in der Psychoanalyse antreffen: als Gegensatz zwischen *historischer* Wahrheit und *narrativer* oder *religiöser* Wahrheit (s. a. Wurmser 1999, S. 32–36). Da sich nur wenig aus der Bibel in buchstäblicher Weise archäologisch verifizieren läßt und so beispielsweise die Tatsächlichkeit der Geschichte des Exodus aus Ägypten und der sich daran anschließenden vierzigjährigen Wüstenwanderung von Israel oder die Frage der militärischen Eroberung des Landes Kanaan durch die zwölf Stämme (gegenüber friedlicher Siedlungs- und Konversionspolitik) oder die geschichtliche Existenz der bekannten biblischen Gestalten zwar nicht durch Funde belegt, aber auch nicht widerlegt sind, hat sich jüngst in den Vereinigten Staaten eine scharfe Kontroverse zwischen konservativen und Reformrabbinern einerseits, der Orthodoxie anderseits erhoben: Ist nicht die geistige Wahrheit, das tiefe innere Wahrsein, jenseits aller geschichtlichen Faktizität, das Wesentliche? Die erste Gruppe sagt ja, die zweite entgegnet vehement, daß die beiden Wahrheiten miteinander verschmolzen sind.

Vor rund 60 Jahren entstand eine ähnliche Debatte im Hinblick auf Freuds »Der Mann Moses und die monotheistische Religion«. In diesem Werk spricht Freud von der gleichen Doppelheit, nannte sie aber »materielle« gegenüber »historischer« Wahrheit (1937/1939, S. 237 f.). Er verglich die Urgeschichte Israels mit einer »traumatischen Neurose« (S. 171), mit der charakteristischen Abfolge »frühes Trauma – Abwehr – Latenz – Ausbruch der neurotischen Erkrankung – teilweise Wiederkehr des Verdrängten« (S. 185). Spezifisch nahm er den postulierten Mord am Urvater (»Totem und Tabu«, 1912) als wirkliches Geschehen auch für die Moses-Geschichte an: »die Ermordung des großen Führers und Befreiers Moses« (S. 148) und die darauffolgende schuldhafte Wiedergutmachung.

Die Diskussion über die Wertigkeit der Traumatisierung in der Neurosogenese, das forcierte Aufdecken der historischen Wahrheit von angeblich stattgefundenen sexuellen Mißbrauchsgeschichten hat gerade in den letzten Jahren eine große Bedeutung weit über die Psychoanalyse hinaus angenommen (s. Wurmser 1999, S. 66–73). In unserer Arbeit bestätigt sich immer wieder die Komplementarität von Trauma und Konflikt in der Erklärung und dem Verstehen der Pathogenese, und damit auch die Komplementarität von historischer Wahrheit, nämlich im Sinn der Wirklichkeit bestimmter Traumatisierungen, und narrativer Wahrheit, nämlich die sinnhafte Kohärenz von Erinnerung, Phantasie, Konflikt und beständiger, dynamischer Umdeutung. Die beiden gehören immer zusammen und bedingen sich wechselseitig, im Sinn der Dialektik (als »gegenseitige Abhängigkeit der Gegensätze«[84]). Freud stellt der traumatischen Genese die Entwicklung infolge einer besonders ausgeprägten Reaktionsstärke gegenüber, die durch konstitutionelle Faktoren begründet würde, und spricht von der »gleitenden sog. Ergänzungsreihe, in der zwei Faktoren zur ätiologischen Erfüllung zusammentreten, ein Minder von einem durch ein Mehr vom anderen ausgeglichen wird, im allgemeinen ein Zusammenwirken beider stattfindet und nur an den beiden Enden der Reihe von einer einfachen Motivierung die Rede sein kann« (S. 178). Die kausale Bedeutsamkeit der Konflikte, als im Gegensatz zur Traumatisierung stehend, weist scheinbar auf ein Übergewicht konstitutioneller Faktoren hin. Die klinische Erfahrung zeigt demgegenüber immer wieder, daß ein solches anscheinendes Überwiegen des Konfliktverstehens weniger auf die Konstitution zurückgreifen muß und daß wir weiter kommen, wenn wir uns die Familiendynamik als für das Kind konflikterzeugend vorstellen und diese, obwohl in weniger dramatischer Weise, als ebenfalls traumatisierend ansehen. So betont Anna Ornstein (2000), wie bedeutend für die Rekonstruktion der Neurose »die pathogenen Aspekte der elterlichen Persönlichkeit« sind, namentlich deren »affektive Haltungen und Antworten (oder das Fehlen der für die Reifung benötigten validierenden Antworten)« (S. 49), ohne daß aber dabei den Eltern Schuld zugewiesen werden solle. Vielmehr liege der zentrale Aspekt »in der Rekonstruktion der emotionalen Zustände der Kindheit wie etwa die tiefe Einsamkeit, das zwanghafte Tagträumen, die grandiosen oder rachevollen Phantasien des Kindes. ... Mit anderen Worten beziehen sich die auf einer Selbstobjekt-Übertragung beruhenden Rekonstruktionen nicht auf die Aufdeckung von tatsächlichen pathogenen Ereignissen, sondern auf die Wiederbelebung der intrapsychischen Erfahrungen des Kindes, die im Kontext der ursprünglichen (Selbstobjekt-)Beziehungen zu den Eltern den heutigen Symptomen und Übertragungen des Analysanden Bedeutung geben« (S. 47). Dadurch wird dem inneren Wahrheitserleben der Vorrang eingeräumt vor einer Fokussierung auf die Realtraumata, auf die »historische Wirklichkeit«, ohne daß dabei die letztere in ihrer großen Bedeutung außer acht gelassen würde. Dies entspricht meiner eigenen Erfahrung.

Diese Ansicht von der Komplementarität und Dialektik von Trauma und Konflikt, von historischer und narrativer Wahrheit, in der spezifisch die Hintergrundsdynamik sowohl als traumatisierend wie als konflikterzeugend verstanden wird, läßt sich entsprechend auf das Verstehen der Religion und deren Geschichte übertragen: Es sind die historischen Konflikte, namentlich die großen Konflikte zwischen gegensätzlichen Ideen und Weltbildern, die auf die innere Entwicklung der Religion und ihrer Mythen, Geschichten und Symbole einen entscheidenden Einfluß ausüben – in der jüdischen Geschichte die Konflikte innerhalb der ägyptischen, vielleicht auch in der akkadischen Werte- und Ideenwelt, zwischen Mesopotamien und Mittelmeerwelt, in der griechisch-römischen Denkwelt (z. B. Philosophie gegen Mysterienkulte und Gnosis), später im Islam und im Christentum und zwischen diesen beiden, und schließlich in der heutigen Welt vor allem die extrem religiöse und mystische Verarbeitung des ungeheuren Traumas der Schoáh, des Holokausts gegenüber einer völligen Säkularisierung bis hin zur Verleugnung der jüdischen Identität und einem ungebremsten Materialismus mit dessen Verleugnung aller Innerlichkeit und psychischen Intimität.

Verhülltheit und Wahrhaftigkeit

Im Buch »Die eigenen verborgensten Dunkelgänge« (Wurmser u. Gidion 1999) zitierte ich die russische Analytikerin Lola Komarova, die die Allgegenwart von Lügen und Täuschung, die vielfache Schichtung der Wirklichkeit im autokratisch-totalitären Staat (speziell in der Sowjetunion, noch nach alter Tradition praktiziert) beschrieb. Sie gab als Beispiel, wie es allgemein erwartet wurde, daß man freiwillig als »Subbótnik« Zusatzarbeit leistete, also unbezahlte Kollektivarbeit am Samstag. Diese war angeblich freiwillig, doch zugleich wurde man geächtet oder sogar schwer bestraft, wenn man sie nicht »freiwillig« tat. So wurde es von einem zwar erwartet, daß man arbeite; doch arbeitete man fleißig, geriet man unter den Verdacht, man breche das allgemeine Mittelmaß, wurde mit Ressentiment und Neid behandelt und in der Tat auch dafür bestraft. So sollte man denn scheinbar arbeiten, ohne die Arbeit wirklich auszuführen, ganz nach dem Witz: »Anscheinend arbeiten wir, und anscheinend

zahlen sie uns«. Lola Komarova sagte weiterhin, daß diese Doppel-
bödigkeit, diese Wirklichkeitsschichtung schon unter den Zaren bestand. Schon damals sei es so gewesen, wie hernach unter den Kom-
munisten, daß man ständig den Verdacht hegen mußte: Was bedeutet
es wirklich, was der andere sagt, andeutet oder tut? Wie kann ich
verbergen, was ich wirklich meine? Sie dachte, daß es diese Vielschichtigkeit der Realität war, diese Verhüllung der Wahrheit, diese
psychologische Notwendigkeit, solche multiplen Täuschungsvor-
hänge als eine Sache von Leben oder Tod zu verstehen und mit ihnen
umzugehen, die der russischen Literatur, namentlich Dostojewskij,
die sie auszeichnende psychologische Scharfsicht und Tiefe verlieh.
Sie wies auch auf dasselbe im jüdischen Witz hin. Das ständige
Leben am Rande, in der Unterdrückung und Verfolgung, unter der
Tyrannei von äußerer und innerer Autorität schafft eine seltsam viel-
schichtige, vieldeutige Einstellung zur Realität.

Als prägnantes Beispiel für die daraus resultierende Paradoxie
zitierte ich: »Gespräch auf dem Bahnsteig: ›Wohin fährst du eigentlich?‹ ›Nach Warschau, Holz einkaufen.‹ ›Weißt du, es gefällt mir
nicht, daß du mich dauernd belügst. Ich weiß doch: wenn du sagst,
du fährst nach Warschau, Holz einkaufen, dann fährst du in Wirklichkeit nach Lemberg, Getreide verkaufen. Zufällig weiß ich aber,
daß du diesmal tatsächlich nach Warschau fährst, um Holz zu kaufen. Warum lügst du also?‹« (Landmann 1960, S. 135).

Hier füge ich einen zweiten Witz an (S. 266): »Wie ich letzten
Winter auf einem Bauernfuhrwerk durch die Karpaten gereist bin,
haben mich 99 Wölfe verfolgt.«

»Warum ausgerechnet 99?«

»Ich wollte eigentlich sagen: 100, aber dann hättet Ihr natürlich
behauptet, es sei eine Übertreibung.«

Auf einer ersten Ebene ist es so: Wer immer lügt, dem kann man
nicht vertrauen, wenn er auch die Wahrheit spricht. Das Problem
läge dann beim Angesprochenen, nicht beim Fragenden. Auf einer
tieferen Ebene bedeutet es: Wenn man in einer verlogenen Welt lebt,
ist alles mehrdeutig und muß ständig angezweifelt, hinterfragt, als
Täuschung erlebt werden. Auch die gerade Linie erscheint mehrfach gebrochen, als ginge sie durch mehrere Medien hindurch. Es
gibt keine verläßliche Wahrheit mehr. Die Lüge, die bewußte Täuschung durchdringt alles.

Andererseits geht die Forderung nach Ehrlichkeit, Vertrauens-
würdigkeit, Wahrhaftigkeit durch den T'nach hindurch. Die Zitate
sind wohl zu zahlreich, doch ist die Aussage von Zecharja 8,16
besonders prominent: »Sprechet Wahrheit miteinander (wörtlich:
der eine gegenüber seinem Nächsten), übet wahrhaftige und fried-
volle Gerechtigkeit in euren Toren[85]« (für eine Vertiefung dieses
Themas s. Wurmser 1999, S. 315 f.).

Komplementär zur Genauigkeit der Unterscheidung, zur Wahrhaftigkeit im Kleinen und Einzelnen, ja der talmudischen wie psychoanalytischen Akribie, steht die Sicht des Ganzen, der große Zusammenhang: »Wenn es keine Vision gibt, verliert das Volk die
Selbstkontrolle; aber glücklich ist, wer Recht und Richtung wahrt«
(Be'én chazón jipará' am, weschomér toráh aschréhu; Sprüche
29,18).

Tödliche Kränkung, tödliche Trauer
und die Vielschichtigkeit des Gesetzes

Zu diesem Zentralthema der Vielschichtigkeit der schriftlichen wie
der weltlichen Wirklichkeit erwähne ich die Schlußbemerkung aus
einer schon am Ende des Buches »Die zerbrochene Wirklichkeit«
ausführlich geschilderten Geschichte aus dem Talmudtraktat »Bava
Metzia«:

Es handelt sich um die enge Beziehung und dann tödliche Feind-
schaft zwischen den beiden großen talmudischen Gelehrten Rabbi
Jochanan bar Nappacha und seinen Freund, Schüler und Schwager
Resch Laqisch. Jochanan hatte den jungen Mann, der sich als Gla-
diator seinen dürftigen Unterhalt verdiente, ins Lehrhaus geholt und
zum führenden Gelehrten gebildet. »Eines Tages war eine Diskussion im Lehrhaus, an welchem Punkt ihrer Herstellung Schwert,
Messer, Dolch, Speer, Sichel und Sense unrein werden können. Erst
wenn die Herstellung beendigt ist. Und wann ist diese fertig? Rabbi
Jochanan bestimmte: ›Wenn sie im Ofen gestählt worden sind.‹
Doch Resch Laqisch behauptete: ›Wenn sie im Wasser geglänzt
worden sind.‹ ›Ein Räuber versteht sich auf das Stehlen‹, entgeg-
nete ihm Rabbi Jochanan. Resch Laqisch erwiderte: ›Und womit

hast du mir geholfen? Dort wurde ich Meister genannt, und hier werde ich Meister genannt.‹ ›Dadurch, daß ich dich unter die Flügel der Schechina [der Anwesenheit Gottes] gebracht habe.‹ Doch Rabbi Jochanan war tief verletzt darüber, und Resch Laqisch erkrankte.« Als der letztere infolge dieser Kränkung starb, war Jochanan voller Gram und Reue. »Da fragten sich die anderen Gelehrten: ›Wer soll hingehen und sein Leid erleichtern? Rabbi El'azar ben Pedath soll hingehen, seine Deutungen sind sehr feinsinnig.‹ So ging er hin und saß vor ihm; und bei jedem Ausspruch von Rabbi Jochanan bemerkte er: ›Es gibt eine Stelle in der Lehre, die deine Ansicht unterstützt.‹ ›Bist du wie der Sohn von Laqischa?‹ klagte Rabbi Jochanan: ›Wenn ich mich zu einem Gesetz äußerte, pflegte Bar Laqischa 24 Einwendungen zu erheben, worauf ich 24 Antworten gab. Dies führte zu einem tieferen Verständnis für das Gesetz. Demgegenüber sagst du mir immer, es gebe eine Baraitha[86], die mich unterstütze. Weiß ich das nicht schon von mir aus, daß meine Bestimmungen stimmen?‹ Und er zerriß seine Kleider und weinte: ›Wo bist du, oh Sohn des Laqischa, wo bist du, oh Sohn des Laqischa – hecha at Bar Laqischa, hecha at Bar Laqischa?‹ Und er grämte sich, bis ihn sein Geist verließ. Darauf beteten die Gelehrten für ihn, doch seine Seele kam zur Ruhe (verschied)« (Baba Metzia, 84a).[87]

Es ist die Vielzahl der Ausdeutungen, die Vertiefung des Fragens, die sowohl den analytischen Prozeß selbst vorantreibt wie auch wertvolle Supervision ausmacht. Nur in der dialektischen Auseinandersetzung des ständigen Infragestellens kann man der Wahrheit näher kommen. Im Jerusalemer Talmud sagt Rabbi Jochanan, er sei ohne Resch Laqisch einer Person gleich, die mit einer Hand zu klatschen versuche (Steinsaltz, Báva Metzía, part V, S. 124).

Manche Kommentatoren glauben, daß Resch Laqisch die Bemerkung von Rabbi Jochanan mißverstanden habe: daß der letztere gemeint habe, er gebe seinem Freund und Schwager gern nach, da dieser sich wegen seiner früheren Erfahrung auf diese Frage besser verstehen müsse (Steinsaltz, S. 123). Dennoch klingt die Metapher kränkend und spricht nicht eben von großem Takt. Die Geschichte wird in den weiteren Zusammenhang der Macht des bösen Auges, »einá bischá«, gestellt. Es bestand der Glaube, daß die Gedanken die Wirklichkeit beeinflussen und daß aggressive Affekte, wie Wut und Neid, anderen schaden und die Welt zerstören können (Steinsaltz, Bava Metzia V, S. 121). Wir hörten es zuvor in der Geschichte von Eliezer ben Hyrkanos. Hier ist es aber die direkte Macht kränkender Worte, die tötet, und umgekehrt ist es die Schuld darüber, die selbst wieder zum Tod führt. Doch damit wandelt sich die konstruktive Infragestellung als ein Ich-Vorgang in die Entfesselung des archaisch-grausamen Über-Ich, und damit werden Wahrheitsfindung wie Lebenswert vernichtet.

»Pardess« – Lehren, Fragen und Deuten

Faur (1999) weist in seiner Maimonides-Exegese auf einen bemerkenswerten Passus im Talmudtraktat Sotah 21a hin, wo es heißt: »Einer, der lernt, *ist* eine Wegkreuzung«.[88] Dies wird im Text dreifach qualifiziert: »Rabbi Chisda sagt: Das [die Wegkreuzung] ist ein Gelehrter und der Todestag. Rav Nachman bar Jitzchaq sagt: Das ist der Gelehrte und die Angst vor der Sünde. Mar Zutra sagt: Das ist der Gelehrte, dessen Schlußfolgerungen mit der angenommenen Praxis (Halacha) übereinstimmen.« Der Mensch ist Konflikt, ist selbst eine Spaltung von Möglichkeiten. Konflikt gehört zum innersten Wesen des Menschen. Dialektik als wechselseitige Bedingung des Gegensätzlichen ist eine zentral wichtige Ausgestaltung der grundlegenden Konfliktnatur des Menschen.

Im Chassidismus finden wir verwandte Gedanken, obzwar ins Mystisch-Metaphysische gesteigert, doch zugleich auch psychologisch verstanden: »Die Enthüllung von allem geschieht durch sein Gegenteil« (Rabbi Aharon haLevi) und »In allem ist sein Gegenteil, und es wird wahrhaftig als sein Gegenteil enthüllt« (Rabbi Dov Baer; beide zit. n. Drob 2000, S. 86).

Teil der jüdischen Identität ist das tiefe Bewußtsein dieser Widersprüchlichkeit der Wahrheit und der dialektischen Methode und Denkweise, sich der Wahrheit anzunähern – die wohl direkteste Überlieferung Sokratischer Methodik »in action«. So schreibt Hadas: »Die Methode, deren sich die Rabbis bei der Suche nach der Wahrheit bedienten, kann man nur als eine Art Sokratischer Dialektik umschreiben. Die Methode der Propheten war die Ermahnung, gegründet in der Autorität direkter Offenbarung. In der rabbinischen wie in der Sokratischen Dialektik werden Probleme konstituiert, Lösungen vorgeschlagen und wieder verworfen, bis eine zufriedenstellende Schlußfolgerung erreicht ist« (1963, S. 97). »Sie hatten von den hellenistischen Schulen der Philosophie das Ideal übernommen, jedes Problem durch uneingeschränktes Argument und Gegenargument auszuarbeiten«, schreibt Daube (1949).[89]

Die Vielfalt der Ebenen, der Verstehensweisen, die einander ergänzen müssen, zeigen die Passagen aus dem Talmud. Beeindruckend ist dabei die tiefe Wesensverbundenheit zwischen den verschiedenen Ebenen des Deutens in Talmud und Midrasch und den ähnlichen Problemen von Oberfläche und Tiefe, von Bewußtheit und Unbewußtheit in der Psychoanalyse – die Vielfalt und Komplexität der *Bedeutungs- und Deutungsperspektiven*. Der Talmud spricht vom *Pardess*, dem Obstgarten und Paradies[90], einem Akronym von vier Deutungsperspektiven.[91] Wir können diese doppelt formulieren, in talmudischer und psychoanalytischer Weise, sicherlich in einer etwas gewagten und nur ungefähren Analogie: *Pschat* bezieht sich auf die buchstäbliche Bedeutung, das Verstehen dessen, was sich an der Oberfläche abspielt; *Remez* bezieht sich auf allegorische und symbolische Deutung; Remez ist Anspielung, wohl auf Vorbewußtes, was wir Klarifizierung nennen würden, tiefere Schichten, die aber teilweise im Material vorliegen, doch der klärenden Synthese bedürfen; *Drusch* bedeutet »Predigt«, »Homiletik«, und ist auf diese Weise wohl am ehesten als erzählerisch, belehrend anzusehen und *Sod*, die esoterische Bedeutung, weist hin auf den verborgenen Wesenskern, auf das Unaussprechbare, Verhüllte, also das Unbewußte. Dabei sind die verschiedenen Regeln der Deutung, die gebraucht werden, zumindest vergleichbar mit denen, die wir aus der Analyse kennen: Ähnlichkeiten, Verdichtungen und Verschiebungen, Wortspiele, Anklänge, immer wieder das Denken in Gegensätzen, in Polaritäten und Spannungen, also Konflikten. »Es gibt kein Vorher und Nachher in der Thora – En muqdám ume'ubár baToráh« (Ouaknin 1986/1995, S. 99). Das Fragen ist nie abgeschlossen. Ouaknin sagt, der Talmud sei »anti-ideologisch« und verweigere Geschlossenheit. Alles werde immer wieder »geöffnet«, neu in Frage gestellt, wiederum sehr ähnlich unserer Methode.

Damit stellt sich die Bedeutung der Antithese in den Mittelpunkt der talmudischen Methodologie – die Polarität des Fragens und prinzipiellen Infragestellens, der Paradoxe und unauflösbaren Gegensätze und Widersprüche, der Absurdität, des Trotzes – gegenüber dem unablässigen Suchen nach Gewißheit, nach Glauben, im Tun und Handeln nach dem Gesetz, der großen Bedeutung der gegenseitigen Treue und Loyalität.

Doch hier öffnen sich Tiefen, die im nächsten Midrasch Ausdruck finden: Die Gefahr des Vorgehens für den, der sich um die verborgenen Bedeutungen bemüht, wird kurz in der Vision oder dem Gleichnis in Chagiga 14b dargestellt[92]: »Vier betraten das Paradies/Pardess: Ben Azzai und Ben Zoma, Acher [der Andere, ursprünglich Elisha ben Abuja, der zum Ketzer wurde und seinen Ehrennamen verlor] und Rabbi Aqiva. Rabbi Aqiva sagte ihnen: Wenn ihr zu den Steinen von reinem Marmor [die Wasser vortäuschen] kommt, ruft nicht: ›Wasser, Wasser!‹ Denn es heißt [in Psalm 101,7]: ›Niemand, der Lügen spricht, wird vor meinen Augen bestehen.‹ Ben Azzai warf einen Blick darauf und starb. Von ihm sagt die Schrift [Psalm 116,15]: ›Teuer ist in den Augen Gottes das In-den-Tod-Gehen seiner Heiligen.‹ Ben Zoma schaute und wurde wahnsinnig [umschrieben: nifga', geschlagen]. Von ihm sagt die Schrift [Sprüche 25,16]: ›Findest du Honig, iß gerade genug, damit du dich nicht überißt und erbrichst!‹ Acher schnitt die Sprößlinge ab (qitzétz bineti'ót). Rabbi Aqiva ging dahin in Frieden.« Die Folgesätze befassen sich mit Kastration und Schwängerung, unmittelbar vorher behandelt der Text das Problem von Verschweigen und Diskutieren geheimer Wahrheiten, Geheimhaltungspflicht und Enthüllung, Verbot und Verehrung des Aussprechens. Wer sich mit den verborgenen Bedeutungen befaßt, wird in seinem Leben, in seiner Vernunft oder in seiner Ethik bedroht. Nur der Meister, der Rabbi, entgeht ohne Schaden.

Doch eröffnet diese Geschichte noch viel tiefere Dimensionen, nämlich einen Einblick in die frühe Mystik und deren Warnung vor der Gefahr der Versenkung in die Tiefen der eigenen Seele.

Die erste uns bekannte mystische Bewegung im Judentum ist die sogenannte Merkavá- und Hechalót-Mystik, etwa im 2. und 3. Jahrhundert. Die Worte bedeuten »Wagen« und »Paläste« und gehen von der Vision in Ezechiels erstem Kapitel aus. Es sind Schilderungen des göttlichen Thronwagens und »der himmlischen Hallen oder

Paläste, die der Schauende betritt und in deren letzten, siebenten, sich der Thron der göttlichen Herrlichkeit erhebt« (Scholem 1957, S. 48). »Die ›Großen Hechaloth‹ schildern nicht die Einzelheiten seines Aufstiegs durch die sieben Himmel, wohl aber die seiner Wanderung durch die im obersten Himmel befindlichen sieben Paläste. In der nichtjüdischen Gnosis spielen hierbei eine große Rolle die Herrscher (Archonten) der sieben Planetensphären, die der Befreiung der Seele aus den Banden der Welt feindlich gesinnt sind und deren Widerstand die erlösungsdurstige Seele zu brechen hat. In dieser judaisierten und ins Monotheistische abgebogenen – oder vielleicht in ihm verbleibenden, noch vor-dualistischen? – Form der Gnosis übernehmen diese Funktion die Scharen der ›Torwächter‹, die rechts und links an den Pforten der himmlischen Hallen postiert sind und die beim Aufstieg zu passieren sind. Hier wie dort bedarf die Seele, um ungefährdet ihre Himmelreise fortzusetzen, eines Passes: eines aus geheimen Namen bestehenden magischen Siegels, das die Dämonen und die Archonten, die feindlichen Engel, in die Flucht treibt. An jeder neuen Station des Aufstiegs bedarf es eines anderen Siegels, mit dem der Wanderer ›sich besiegelt‹, um, wie ein Fragment uns überliefert, ›nicht hineingerissen zu werden in das Feuer und die Flamme, den Wirbel und Sturmwind, die um Dich sind, Du, Furchtbarer und Erhabener‹« (Scholem, S. 53 f.).

Kafkas Erzählung »Vor dem Gesetz« greift übrigens diesen Mythos der Torwächter und der von ihnen bewachten Hallen der Wirklichkeit auf.

Doch Scholem fährt fort: »Groß sind die Gefahren dieses Aufstiegs durch die Paläste der Merkaba-Welt, besonders für den, der sich mit unbereiter Seele und unwürdigem Wesen auf den Versuch einläßt« (S. 55 f.). Und darauf weise eben diese bedeutende Talmudstelle des Pardess hin. Scholem zitiert aus einem der Hechaloth-Texte: »Wer aber nicht würdig war, den König in seiner Schönheit zu sehen, dem verwirrten die Engel an den Toren den Sinn. Und sobald sie zu ihm sagten: ›Tritt ein!‹, so trat er wirklich ein. Sofort preßten sie ihn und warfen ihn in den feurigen Lavastrom. Und am Tor des sechsten Palastes schien es, als ob Hunderttausende und Millionen Wasserfluten gegen ihn anstürmten, während doch nicht ein einziger Tropfen Wassers da war, sondern nur strahlender Äther und klare Steine aus lauterem Marmor, mit denen der Palast ausgelegt war. Die

Engel aber standen vor ihm. Wenn er nun sagte: ›Was bedeuten diese Wasser?‹, so begannen sie ihn zu steinigen und riefen: ›Du Unwürdiger, siehst du es denn nicht mit deinen eigenen Augen? Bist du etwa einer der Kinder derer, die das Goldene Kalb geküßt, und nicht würdig, den König in seiner Schönheit zu sehen?!‹ ... Und er geht nicht von dannen, bis sie sein Haupt mit eisernen Stangen verletzen. Und das soll ein Zeichen für alle Zeiten sein, daß niemand am Tor des sechsten Palastes irren und den Ätherglanz der Steine sehen, nach ihnen fragen und sie für Wasser halten soll, auf daß er sich nicht in Gefahr bringe« (S. 57). Scholem fügt hinzu: »Die ekstatische Wasservision ist von schlagender Authentizität. ... Es besteht keinerlei Grund, anzunehmen, daß diese mystische Erfahrung von den Gefahren des Aufstiegs zum Himmel nicht eben der einfache Wortsinn jenes schon in der Tossefta [›Anfügung zur Mischna‹, also im Talmud] erhaltenen Berichtes sei« (S. 57).

Joseph Dan gibt aufgrund des Textes *Hechalot Zutarti* eine noch radikalere Erklärung: »Es ist so, als ob sich dieser Bereich, das Tor des sechsten Palasts, *außerhalb der kosmischen Ordnung befände und da ein anderes, anarchisches Gesetz herrschte*. Es gibt für Gott keine Möglichkeit, wieder Kontrolle über diesen Raum zu gewinnen; er verbleibt als ein *Flecken des Chaos* in der Mitte der göttlichen Struktur der sieben Paläste. Dies scheint ein merkwürdiges Überbleibsel eines frühen Mythos zu sein, ein Hinweis auf eine urtümliche Mythologie, die sich hartnäckig behauptete, nachdem Ordnung und Struktur die Herrschaft der Himmel errungen hatten. Der Text gibt keinen Hinweis auf die Art einer Alternativmacht, die sich Gott entgegenstellte und über diesen Ort regierte; die rebellische Natur des Ortes selbst ist alles, was vom früheren Mythos her bleibt. ... Es ist der Ort selbst, der außerhalb der Herrschaft Gottes steht und die Zerstörung verursacht. Könnte das Geheimnisvolle dieses Ortes sich in der kryptischen Verwirrung von Wasser und Marmor widerspiegeln, die in einer derart unerklärten Weise sowohl im Talmud wie in *Hechalot Zutarti* erscheint? Könnte die Stelle sich auf die zerstörerischen Urwasser beziehen, die den Kosmos vor der Schöpfung beherrschten und vom göttlichen, lichten Marmor verdeckt würden, und jede Bezugnahme auf die alten Wasser läßt sie hervorbrechen und jeden zerstören, der ihr Wiedererscheinen erlaubte?« (Dan 1998a, S. 290 f., Hervorh. v. L. W.).

In vertiefter Deutung sagt José Faur (1999), daß es sich um die mystische Versenkung in der Metapher des Eintretens in das Allerheiligste im Tempel handle. »Der Plan des Tempels diente als Modell für den esoterischen Diskurs« (S. 37). Wer auf die darin wohnende »göttliche Glorie« (Schechina) mit sexualisierten Gefühlen schaue, verwechsle seine Phantasien mit dem Göttlichen und verliere sich in Selbstbezogenheit und Abfall. Im Verstehen von Moses Maimonides: Wer seine sexuellen Impulse nicht zu kontrollieren vermöge, könne kein Prophet sein (S. 38). Darauf beziehe sich auch die Stelle in Matthäus 4,5 ff., wo Satan Jesus dazu versuche, sich von der Zinne in die Tiefe zu stürzen. Es handle sich um den Abstieg aus »der oberen Kammer« in das Allerheiligste, als Symbol für Jesu Versuch, geistig das innerste Heiligtum zu betreten, so Zugang zum jüdischen esoterischen Wissen zu erlangen, damit die göttliche Gegenwart zu erspähen (»to take a peek at the Divine Presence«) und »sich die Augen daran zu erfreuen« (»to delight [lazun] their eyes from Him«). Zu Recht verweigert sich Jesus dieser Verführung und vermeidet so das tragische Geschick jener drei Gelehrten (S. 202 f.).[93]

Es ist diese Gefahr, die immer wieder zur Warnung vor der mystischen Innenschau geführt hat, und auch zur Mahnung, niemand dürfe sich mit der Kabbala beschäftigen, der noch nicht vierzigjährig sei.

Die Enthüllung des Verborgenen, das Geheimnis im Offenbaren – Jüdische Mystik als Antithese zum Trauma und zum Imperium

Ich habe schon eingangs einen kursorischen Überblick über die Entwicklung der jüdischen Mystik und im vorigen Abschnitt einen weiteren Einblick gegeben. Ich möchte in diesem Abschnitt einen Gedanken etwas ausführen, der in mir durch eine Bemerkung von Joseph Dan (1998a) im ersten Band seines vierbändigen Werkes zur jüdischen Mystik angeregt wurde. Im Zusammenhang mit der eben erwähnten Hechalotmystik (dem »Aufstieg« zu den himmlischen Palästen, beziehungsweise Ein- oder Abstieg in die innere Tiefe, und der Vision der göttlichen Welt und Gestalt) des 2. Jahrhunderts zitiert er Rachel Eliors Ansicht, »die Hechalotmystik widerspiegle das Ritual der Opfer und Gesänge im heiligen Tempel, die Terminologie dieser Literatur folge den priesterlichen Tempelfunktionen und das Auftauchen der jüdischen Mystik im Altertum solle daher als eine vergeistigte Fortsetzung der Tempelrituale aufgefaßt werden. Nach dieser Ansicht soll *der Anfang der jüdischen Mystik im Altertum als eine Reaktion auf das schreckliche Trauma der Zerstörungen von Jerusalem und des Tempels angesehen werden*« (Dan 1998a, S. 107; Hervorh. v. L. W.). Ähnlich postuliert Chernus (zit. ebenda), »der Aufstieg der jüdischen Mystiker ist ein geistiger Ersatz für die Pilgerfahrt nach Jerusalem.« Die in den Manuskripten beobachtbaren Anachronismen wären dann absichtlich: »eine *Verleugnung der traumatischen Tragödie der Tempelzerstörung*« (Dan 1998a, S. 117). Eine höhere Wahrheit, die den allgemein, von Talmud und Midrasch anerkannten Wahrheiten widerspreche, beruhe auf mystischer Erkenntnis. Eine mystische Geschichtsschreibung, die der gegebenen Chronologie widerspricht, drücke diese tiefere, komplexere mystische Wahrheit aus (wir sahen etwas ähnliches zuvor in der Legende von Moses' Besuch in der Akademie von Rabbi Aqiva). Rabbi Eliezer ben Hyrkanos der Große und Rabbi Aqiva (Akiba) werden zu zentralen Gestalten in dieser mystischen Geschichte.

Nun ist es aber so, daß mehrere andere mystischen Aufschwünge unmittelbar gewaltigen geschichtlichen Katastrophen folgen: der sogenannte »aschkenasische Chassidismus« im 12. Jahrhundert (v. a. im Rheinland und in Regensburg) nach der Vernichtung vieler Gemeinden in den Kreuzzügen und dem Märtyrertod im Feuer all derer, die sich der Taufe widersetzten; die Blüte der Mystik in Zfat (Safed) in Galiläa im 16. Jahrhundert im Gefolge der ebenso traumatischen Vernichtung des spanisch-portugiesischen Judentums, und schließlich der galizianische Chassidismus im 18. Jahrhundert in Nachfolge des Vernichtungszugs des Kosakenführers Chmielnicki und anderer Pogrome. Einzig die provenzalisch-katalanische Mystik am Ende des 13. Jahrhunderts scheint mehr als Reaktion auf die rationalistisch-philosophische Durchdringung des Judentums durch Maimonides und andere arabisch-jüdische Exegeten, die eine Verbindung der jüdischen Geisteswelt mit der aristotelischen Metaphysik erstrebten, zu verstehen zu sein.

Jede dieser geschichtlichen Katastrophen wirkte als mehrfaches Trauma: durch ihre Gewalt, durch den Verlust von Leben, Tradition, Kultur, Hab und Gut, durch die Erschütterung des Vertrauens in eine metaphysisch gegründete Gerechtigkeit.

Die eine mögliche Antwort auf solche Traumatisierung war deren Verarbeitung in der Weise, die ich als *tragische Verwandlung* beschrieben habe, hier konkret als mühsam genaueste, rechtlich-ethische Erfüllung des Gesetzes im Talmud und der darauf aufgebauten Exegetik, die in der Kodifizierung der Halacha bis in genaueste Details gipfelte, vor allem im Schulchan Aruch durch Joseph Caro, wiederum anfangs des 16. Jahrhunderts. Caro selbst stammte aus einer aus Spanien vertriebenen Familie, die sich nach Bulgarien geflüchtet hatte; er selbst war nicht nur der Kodifikator des Gesetzes, sondern nahm auch selbst Teil an der mystischen Renaissance in Z'fat.

Nicht an deren Stelle, sondern zusätzlich zu ihr tritt die *magische Verwandlung*: die Wiederherstellung des Tempeldienstes durch die Kraft der Worte in der Hechalotmystik, die Vereinigung mit dem Göttlichen durch die Macht der ganz genau gesprochenen Gebete im deutschen Chassidismus, die Enthüllung der Geheimnisse durch die Zahlen- und Buchstabenmystik und damit die Macht über das Böse in der provenzalisch-katalanischen Kabbala (v. a. in Bahir und Zohar), und schließlich die Herbeiführung der Erlösung und das Ungeschehenmachen des Traumas durch die »Zurückführung der zersprengten Funken« und die »Wiederherstellung der Welt« (Tiqqún ha-Olám) durch inbrünstige Andacht im Gebet und in der guten Handlung in der lurjanischen und galizianisch-chassidischen Mystik.

Die Gegensätze, die sich in Talmud und Mystik gleichermaßen in variabler, oft komplementärer Form verfolgen lassen, sind die zwischen *Messianismus* und *Antimessianismus, Tradition* und *Erneuerung* (Dan 1986, S. 9), *rationalistisch philosophischer Erklärung* und *emotionell verinnerlichter, visionärer Schau des Verhüllten.* Im Verlauf dieser Entwicklung »wurde der Dualismus von Geist gegen Stofflichem, von Seele gegen Körper, zentral für das jüdische religiöse und ethische Denken, wie für das der anderen monotheistischen Religionen« (Dan 1986, S. 58). Demgegenüber »hatte das Judentum des Altertums nicht den Begriff eines dualistischen Konflikts zwischen Körper und Seele und bestand auf dem physischen Ausdruck jeder religiösen und ethischen Praxis« (S. 58).

Im aschkenasischen Chassidismus »zählt nicht die Tat, sondern die Anstrengung und das Leiden. Die aschkenasischen Chassidim brauchten das alte aramäische Schlagwort ›lefum tza'ará agrá‹, das bedeutet: ›Gemäß dem Leiden die Belohnung‹« (S. 62). Im Verhältnis zu Gott überwiegt daher mehr und mehr Furcht die Liebe, Leiden die Freude.

Ungefähr zur Zeit der Hechalotmystik und der Mischna (also etwa um das Jahr 200) entstand ein Werk, »Das Buch der Schöpfung, Sefer Jetzirá«, das in einer Art proto-wissenschaftlicher Analyse versuchte, die Weltwerdung aufgrund der 22 Buchstaben und der 10 Grundzahlen, Sefirót[94], zu erklären. Die letzteren repräsentieren fünf Dimensionen: Ost–West, Nord–Süd, Oben–Unten, Vorher–Nachher und Gut–Böse. Die Schaffung von Welt und Mensch sei durch diese 32 Grundkräfte erfolgt. Es waren zunächst Philosophen und Naturwissenschaftler, die etwa im 10. und 11. Jahrhundert diese dynamische Theorie aufnahmen und weiterzuentwickeln versuchten. Erst in ihrem Gefolge bemächtigten sich im 12. Jahrhundert zuerst die aschkenasischen Chassidim El'azar von Worms und Jehuda heChassid (Juda der Fromme) von Regensburg und, vermutlich unabhängig von ihnen, ungefähr gleichzeitig die ersten Kabbalisten in der Provence (dem Buch »Bahir«, »dem Glanz«, und den Schriften von Isaak dem Blinden) und in Gerona in Spanien dieser Konzepte und entwickelten sie zu einer gewaltigen Vision des Göttlichen und seiner Emanationen in Form einer fein gegliederten Welt der 10 Sfirót (Sefirót), und damit auch einer Vision des Innerlichen und der Vereinigung der beiden (des Göttlichen und der Welt), in immer neuen Bildern, die das Verborgene enthüllen und doch nur andeuten sollen. Dabei bleibt der Konflikt zwischen Enthüllung und Esoterik, zwischen gewünschter Mitteilung und gebotener Geheimhaltung unauflösbar (Dan 1998b, S. 30). Dieser Gegensatz manifestiert sich besonders in den kritischen Worten von Isaak dem Blinden gegenüber den Autoren von Gerona: »Sobald ein Buch geschrieben ist, gibt es dafür keinen Schrank mehr – séfer ha-nichtáv en lo arón« (S. 30).

»Das Bild des Lebensbaumes [der Sfirót], der sich zwischen Erde und Himmel erstreckt, zeigte, daß die materiellen und geistigen Welten, das Reich des Hier und das Reich des Jenseits, nicht Gegensätze oder Feinde sind, sondern beide Teile der Einheit Gottes. ... Das Buch Bahir fand die Personifizierung des Bösen innerhalb der Kräfte von Gott selbst. Indem es die Quelle des Bösen mit der 5. Sfirá der Gevuráh, des ›strengen Urteils‹[95], verknüpfte, stärkte und betonte der Bahir die Rolle Satans in der jüdischen Tradition als eines anklagenden Engels, der aggressiv Gottes Rache gegen die Gesetzesübertreter beschwor. Aber hier verwandelte der Bahir wiederum ein mythologisches Bild in ein Strukturprinzip der erschaffenen Welt. Das Böse wird durch ein Übermaß des strengen Urteils Gottes verursacht, das nicht durch Barmherzigkeit gemildert wird. Die letzte Ursache von Unglück liege daher nicht nur in uns selbst, sondern in einer Störung des Gleichgewichts der Sfirót« (Silberman 2000, S. 64).

Das in meiner Sicht gewaltigste Werk der jüdischen Mystik ist der *Zohar*, ein sehr poetisches, schwerverständliches Epos, das wohl alte Stränge der Überlieferung in einer neuen Synthese zusammenwob. Nicht umsonst wurde der Zohar durch die ganze jüdische Welt hin von vielen als das dritte heilige Buch, neben Bibel und Talmud, verehrt. Der Zohar (das »Leuchten«) des großen kastilianischen Kabbalisten Rabbi Mosché ben Schem Tov de León von Guadalajara (1240–1305) ist, nach Silberman, ein machtvoller Ausdruck des Protests gegen die aggressive und imperiale Ideologie des kastilischen Hofes und deren Vergöttlichung der Macht. Zugleich wirkt es als Manifest des Glaubens, nämlich durch die Darstellung der mystischen Lehre als laufenden Bibelkommentar von Schim'on bar Jochai (2. Jahrhundert), dem Heiligen und Rebellen gegen die römische Verfolgung, der sich, der Legende nach, mit seinem Sohn zwölf Jahre in einer Höhle vor den Römern versteckt hatte. Silberman sieht in ihm eine verhüllte Darstellung des religiösen Führers der kastilianischen Juden, Don Todros ben Joseph Abulafia, der »für immer die Verbindung zwischen Kabbala und königlicher Ideologie zerschnitt« (S. 97).

Um eine Idee der Vorstellungswelt des Zohar zu vermitteln, gebe ich die ersten Sätze wieder, mit denen der biblische Kommentar einsetzt (ich folge Scholems Übersetzung, 1935, modif.): »Am Anfang – als der Wille des Königs zu wirken begann, grub er Zeichen in die himmlische Aura.« Eine Alternativübersetzung desselben könnte etwa so lauten: »Zu Beginn ritzte des Königs Willen Zeichen in die oberste Leere.« Der Text fährt fort: »Eine dunkle Flamme entsprang im allerverborgensten Bereich aus dem Geheimnis des ›Urgrunds‹ En Sof (des Unendlichen), wie ein Nebel, der sich im Gestaltlosen bildet, eingelassen in den Ring [jener Aura], nicht weiß und nicht schwarz, nicht rot und nicht grün und von keinerlei Farbe überhaupt. Erst als jene Flamme Maß und Ausdehnung annahm, brachte sie leuchtende Farben hervor. Ganz im Innersten der Flamme nämlich entsprang ein Quell, aus dem Farben auf alles Untere sich ergossen, verborgen in den geheimnisvollen Verborgenheiten des En Sof. Der Quell durchbrach und durchbrach doch nicht den ihn umgebenden Äther [der Aura] und war ganz unerkennbar, bis infolge der Wucht seines Durchbruchs ein verborgener höchster Punkt aufleuchtete. Über diesen Punkt hinaus ist nichts erkennbar, und darum heißt er Reschit, Anfang, das erste Schöpfungswort [von jenen zehn, durch die] das All [geschaffen ist]« (Scholem 1935, S. 45; Zohar, 25b, Livorno-Ausgabe, 15a).

Im Lebensbaum und in der Gestalt des ursprünglichen Adam war die ganze göttliche Macht vereinigt, eben in Form der 10 Sfirót. Statt des Jungfrauenkults von König Alfonso X steht die Beschreibung der großen und schmerzerfüllten Trennung zwischen dem himmlischen König und der himmlischen Königin, zwischen der 6. Sfirá »Tif'éret« (Pracht), die als männlich dargestellt und mit dem Phallus identifiziert wird, und der 10. Sfirá, der »Schechiná« (Einwohnung) oder »Malchút« (Königtum), »die königliche, mütterliche Wächterin über Israel, die von den Mächten der Finsternis entführt worden ist« (Silberman 2000, S. 91). So gleicht der Zohar einer großartigen *Psychoanalyse des Göttlichen*, nicht nur in bezug auf die reiche sexuelle Symbolik und die Gegenüberstellung von Eros und Macht in Gott selbst, sondern in der *Zentralität des Konfliktverstehens*.[96] Dazu kommt die »Übertragungsfigur« des auf tiefstes Verstehen eingestellten, dem Schweigen verpflichteten und verfolgten Shim'on bar Jochai, der dem gegenwärtigen, der Macht und der Heuchelei verpflichteten Königtum trotzt, seine geheime Wirklichkeit als die entscheidende bewahrt und sie in der Metaphorik der Seele versteht, statt sie in der Sprache der Sachen zu erniedrigen. Es ist der Vorrang des Seelischen vor dem Dinglichen, des Subjektiven vor dem Objektiven, der Sprache der Innerlichkeit vor der Sprache der sachlichen Außenwelt und »deren königlichen Arroganz« (Silberman, S. 90). »Das Böse wurde als ein sehr reales und unabhängiges Netz von dämonischen Mächten angesehen, das schon bei der Schaffung der Welt gebildet worden war« (Silberman, S. 79).

Die große Dialektik, die auch heute die Psychoanalyse und die Philosophie beherrscht, zeichnet sich so in dieser Bilderwelt des Zohar in der Auseinandersetzung mit der »anderen Seite« ab. Wie die himmlischen Paläste und die Bilder des Thronwagens sich gegen den Kult der römischen Kaiser gerichtet haben, so sei der Urmensch, der ursprüngliche Adam (Adám Qadmón) als Personifizierung der Kräfte des Guten, ein Antityp zu den machtvollen Symbolen und Privilegien der Monarchie und ihrer grundlegenden Brutalität, die sich so lange als Aufklärung gebärdet hatte (Silberman, S. 96 f.).

Wenn wir aber sowohl auf das über den Zohar und besonders über den Bahir Geschilderte psychoanalytisch blicken, ist *das Böse* genau das, was wir als das *Übermaß des Über-Ich* erkennen – also eine Anschauung, die genau der entspricht, die ich im Einführungskapitel dem »absolut Bösen« zugrunde gelegt habe. »Das schwarze Feuer der Finsternis, die auf dem Gesicht des Abgrunds lag« (in den Worten des zweiten Satzes der Schöpfungsgeschichte), ist die »Macht der Linken«, der richtenden Gewalt, heißt es im Zohar (Scholem 1935, S. 52 f.). »Das Geheimnis der Linken« ist die Gewalt des Gerichts (S. 53).

Wo immer wir ein Übergewicht der Innerlichkeit finden, ist die Gefahr des mythisch-magischen Denkens groß, und damit öffnet sich die ganze Problematik des *Narzißmus*. Die ganze Mystik im Licht der verschiedenen Narzißmustheorien zu deuten, ist naheliegend, und doch denke ich, daß wir uns damit einen wirklichen Zugang zu deren Verständnis verschlössen.

Ein anderer der früher beschriebenen Gegensätze, der in der späteren Kabbala, in Z'fat (Safed), brisant wird, ist der zwischen dem Einzelnen und der Gemeinschaft: »Religiöses Leben als Kampf für kosmische Erlösung wurde nicht als Sache des Einzellebens, sondern als Kollektivpflicht betrachtet, wobei die besonderen Anstrengungen eines einzelnen Guten für die Übertretungen von jemandem anderen sühnend eintreten konnten, selbst wenn ihm dieser unbekannt ist. Es ist, als ob Gott nicht die Handlungen jeder Person beobachtete und belohnte, sondern eine kollektive Abrechnung für die Nation als ganzer führte. Jede Sünde beeinträchtigt daher den Stand von jedermann, und jede gute Tat unterstützt den religiösen Wert von allen anderen. Die Nation als ganze ist über geographische und zeitliche Grenzen hinaus zusammen verantwortlich vor Gott« (Dan 1986, S. 83 f.). Jede Tat, ja jeder Gedanke wird dadurch zu einem Wirkfaktor in einem göttlichen Drama, zugleich konkret und symbolisch. Das göttliche Exil ist der Anfang des Daseins (S. 94). Der Mensch ist der Kampfplatz zwischen den kosmischen Mächten von Gut und Böse, den göttlichen Lichtern oben und den »zerbrochenen Gefäßen« unten, in deren »Schalen« die Funken göttlichen Lichts gefangengehalten werden. Seine Aufgabe ist es, diese Funken zum Urlicht zurückzuführen, sie zu erretten, zu erlösen. Dieser Begriff der Wiedergutmachung oder Korrektur, des *Tiqqún*, ist, in Dans Worten, »die mächtigste Idee, die je in der jüdischen Gedankenwelt erschienen ist; sie drückte ein intensives messianisches Bemühen von kosmischen Dimensionen aus, und ihre Folgen erstrecken sich auf alle Aspekte des individuell religiösen und ethischen Lebens« (Dan 1986, S. 98). Es sind eben die Pflichten, die Mitzwót, die »die göttlichen Waffen in dem kosmischen Kampf zwischen Gut und Böse« darstellen (S. 99). Jede Handlung oder deren Unterlassung vermag das Schicksal der ganzen Welt zu entscheiden, mit einbeschlossen der göttlichen Mächte, zum Guten wie zum Schlechten (S. 100). Jeder muß die Sünden der anderen bereuen und für sie die Buße auf sich nehmen, auch für die Gemeinschaft in Vergangenheit und Zukunft (S. 101). »Zum ersten Mal in der Geschichte der jüdischen Mystik wurden die spezifischen Charakteristika des Individuums und der Fortschritt seiner oder ihrer Seele im Laufe der Wiedergeburten als zentral angesehen für die Erlösung des Volkes« (Silberman 2000, S. 184). Jeder Einzelne ist aufgerufen, die letzten, noch von den Schalen gefangengehaltenen Funken zu befreien (S. 182). Der göttliche Erlösungsprozeß beziehe sich nicht auf Macht oder materiellen Wohlstand, sondern auf die Reinigung der Seele und der Welt von den Prinzipien der Habgier und Machtsucht, die Ungleichheit und Leiden verursachten (S. 176).

»Die Legende enthüllt, wie nahe der Kulmination der Geschichte sie sich während jener kurzen Monate ekstatisch metaphysischen

Wirkens (engineering) gefühlt haben mußten: die bösen Seelen von den rechtschaffenen zu scheiden und die langgetrennten Funken, die derselben Seelenwurzel im Urmenschen entstammen, miteinander zu vereinigen« (Silberman, S. 190) und damit die unmittelbar bevorstehende Welterlösung zu erwirken erhofften.

Es ist also die Allmacht der Verantwortung in Reinkultur, ein Konzept, dessen gewaltige Wichtigkeit wir aus der Psychoanalyse schwer traumatisierter Patienten erkennen. Auch hier besteht dann die Gefahr der moralischen Diktatur, einer lebensfeindlichen, überwältigenden und totalitären Über-Ich-Struktur. Der Graben zwischen der inneren Welt von Allmacht und Ohnmacht und der Welt des äußeren Wirkens und der Kompetenz wird damit unüberbrückbar tief, ihr Gegensatz unversöhnlich radikal, die Versuchung, die Erlösung in dieser Allmacht der Verantwortlichkeit, und damit der Allmacht des Leidens zu suchen, also dem *religiösen Masochismus* zu verfallen, wird zur großen Gefahr, und damit die Notwendigkeit der Selbsttäuschung durch Verleugnung unausweichlich.

In der magischen Verwandlung wird nicht nur das Trauma (»das Zerbrechen der Gefäße«) ausgelöscht und der Trauer und dem Schmerz über den Verlust eine Bilderwelt des Glanzes entgegengesetzt, sondern gegen die lähmende Hilflosigkeit muß nun eine beherrschende Phantasie von der Allmacht des Geistes, der Worte und des Gebets, von der Zahl und dem Buchstaben als Schlüssel zur Erlösung, schützen. Es kommt zum Aufstand gegen die äußere Macht durch die Macht der Innerlichkeit. Diese ist aber nur möglich, wenn die Aggression mehr und mehr gegen das eigene Selbst gerichtet wird, eben im Sinn jener Allmacht der Verantwortlichkeit, der ständigen Selbstkasteiung.

Es ist übrigens erstaunlich, inwiefern Dostojewskijs Mystik diese Gedanken der Allverantwortlichkeit, der Allschuldigkeit, des Herzens des Menschen als Kampfplatz der kosmischen Mächte von Gut und Böse und der doppelten Wirklichkeit von göttlichem Licht und den versprengten Samen (statt Funken) im Irdischen mit der lurjanischen Mystik teilt. Alle diese Ideen sind explizit in den Ausführungen des Staretz Sósima in den »Brüdern Karamasow« anzutreffen: »Vieles auf Erden ist uns verborgen, doch statt dessen ist uns in unserem tiefsten Inneren das Gefühl unserer lebendigen Verbundenheit mit einer anderen Welt gegeben, einer erhabenen und höheren Welt. Die Wurzeln unserer Gedanken und Gefühle ruhen nicht hier, sondern in andern Welten. Darum behaupten auch die Philosophen, das Wesen der Dinge ließe sich auf Erden nicht erkennen. Gott nahm die Samen aus anderen Welten und säte sie auf dieser Erde aus, und alles ging auf, was aufgehen konnte, und es erwuchs Sein Garten. Doch alles, was aufgegangen ist, lebt und ist lebendig allein dank dem Gefühl seiner Berührung mit geheimnisvollen anderen Welten; erlahmt in dir dieses Gefühl und hört es auf, so stirbt auch, was in dir aufgekeimt war. Dann wirst du auch dem Leben gegenüber gleichgültig werden und es sogar hassen. So denke ich« (russ. Ausg., S. 347 f.).[97] Ich weiß nicht, ob es sich dabei einfach um die Konvergenz mystischen Gedankenguts allenthalben handelt, oder ob es direktere Bezüge, Brücken zwischen beiden, gibt.

Eine andere Folge, die wir auch eher als Psychoanalytiker in Frage stellen müssen, ist die magisch-mythische Konkretisierung. Ganz speziell beziehe ich mich auf die mystische Deutung der »Heiligkeit des Landes« (qeduschát ha'áretz) gegen den Hintergrund »des unablässigen Kampfes zwischen Licht und Dunkelheit, zwischen Gut und Böse, der gleichzeitig im Himmel und auf Erden ausgefochten wird« (S. 225). Das zwischen Juden und Arabern umstrittene Land wird als Verkörperung der Schechiná, der göttlich-weiblichen »Einwohnung«, der zehnten und letzten der lebensspendenden Sfirót, gesehen. Während in Kastilien und in Z'fat die Schechina mit dem von den Mächten des Bösen gefangenen und von den Dämonen gemarterten Volk Israel identifiziert wurde, nämlich in Gestalt der über ihre Kinder weinenden Urmutter Rachel, verwandelte sich in unserer Zeit diese Personifizierung aus einem großartigen Symbol zu etwas sehr Konkretem: der Territorialität. »Jede Besetzung eines Teiles des heiligen Landes von Israel durch palästinensische oder andere arabische Kräfte wird von gewissen Kabbalisten heute als Gefahr für das freie Fließen der göttlichen Energie zum Volk Israel und als eine Bedrohung für das heilige Gleichgewicht der Welt angesehen« (Silberman 2000, S. 225 f.). Jeder, der ein solch heiliges Stück des Landes, und damit der Schechiná, aufgäbe und an die dämonischen Kräfte auslieferte, würde damit zumindest ein ahnungsloser Komplize von »Samael«, dem teuflischen Dämon. Zwischen Licht und Finsternis könne es nie einen Kompromiß geben (S. 226). Wie ich im Eingangskapitel des Buches beschrieben habe, hat eine solche Desymbolisierung und Regression zum magisch-mythischen Denken für Kultur und Politik bedenkliche Folgen, nicht anders als wie wir das aus der persönlichen Pathologie kennen.

Aber damit sind wir aus der gewaltigen Werte- und Gedankenwelt des Jüdischen in die des Allgemein-Menschlichen und der ungelösten inneren Konflikte, also der Neurose getreten. Jenes auf dieses zu reduzieren wäre indes ein Unrecht und ein Fehler. Beides aber zu erkennen ist notwendig, »auch wenn das geschriebene Wort dabei nicht im Schrank verborgen bleibt«.

Das Verborgene hinter dem Offenbaren in Wissenschaft, Psychologie und Metaphysik

In seinem Werk »Heavenly Power. Unraveling the Secret History of the Kabbala« (2000) schreibt Neil Asher Silberman, die Kabbala sei bis heute eine »politisch explosive Untergrundtradition gewesen, die über Macht, Unterdrückung, Widerstand und Freiheit« spreche. In jeder Periode ihrer Entwicklung schufen ökonomische und politische Veränderungen große Gelegenheiten für Wohlstand und Fortschritt, doch nur zu oft führten sie zu Tyrannei und Ungleichheit. Die Kabbala bot einen Alternativweg der Weisheit an, indem sie im Himmlischen die Visionen ewiger Wahrheiten und die Prinzipien kosmischen Gleichgewichts suchte, die, wenn auf das Irdische angewandt, die Welt aufs äußerste verwandeln würde. »Die Magie, die besonderen Symbole und die Techniken der Meditation geben uns machtvoll Anlaß zur Einsicht, daß die Strukturen der Gesellschaft um uns herum nicht göttlich erschaffen oder unvermeidbar sind, sondern daß es sich bei ihnen um künstliche Ordnungen handelt, aufgezwungen von Privatinteressen, die in unserer Alltagswirklichkeit nach Macht hungern« (Silberman 2000, S. 2). Die Kabbala sei als leidenschaftlicher Ausdruck des Glaubens an eine tiefere und wahrere Realität, die unter den Oberflächenphänomenen liege, zu verstehen (S. 6). Die Gegnerschaft der jüdischen Mystik habe sich über 2000 Jahre hin konsequent gegen die großen Imperien gerichtet und sich immer wieder gegen die Verherrlichung der Gewalt und die Durchsetzung der selbstgerechten Autorität gestellt (S. 212).

Im Gegensatz zu solch äußerer Macht- und Autoritätsdurchsetzung liege ihre größte Macht in ihrer Vision einer intimen Verknüpfung zwischen einer irdischen und einer himmlischen Ordnung und der Möglichkeit, daß der Menschheit eine entscheidende Rolle in der Schaffung dieser Verbindung zukomme (S. 228). Diese Gedanken wurden von der christlichen Kabbala, besonders von den Platonisten in Cambridge, übernommen und übten eine überraschende Wirkung aus: In seinen 1687 veröffentlichten »Principia« legte nämlich Newton von Cambridge der westlichen Wissenschaft ein Konzept zugrunde, das seit Jahrhunderten in kabbalistischen Kreisen Gemeinplatz gewesen war: »daß die Oberflächenerscheinungen und das Verhalten des Naturgeschehens nur Symptome und Symbole großer Naturgesetze und von Mechanismen seien, die dem göttlichen Architekten des Alls zuzuschreiben seien« (Silbermann, S. 219). So kann uns »am Treffpunkt von Politik, Theologie, Ökonomie und Philosophie die Kabbala erkennen lassen, daß die Schöpfung der Ort eines ständigen Kampfes ist zwischen Beherrschung und Widerstand, zwischen Sklaverei und Freiheit. Und mit dieser Einsicht kommt Involvierung. Im versteckten Herzen der jüdischen mystischen Tradition liegt die von uns allen geteilte Verantwortung, hinter die Oberflächenerscheinungen zu schauen und, wie immer wir dazu fähig sind, zu helfen, das Gleichgewicht der Welt wiederherzustellen« (S. 228).

Das entspricht aber auch völlig der Grundeinstellung der Psychoanalyse, ihrer Weltanschauung: die verborgenen Bedeutungen und die versteckten Gesetze zwischen den Zeilen zu lesen, den Alltag nur als Symbol für etwas darüber weit Hinausreichendes, für etwas weit Tieferes, Bedeutenderes zu erkennen, und zwar ganz besonders unter dem Siegel des Konflikts und geschützt von der Vertraulichkeit und Verschwiegenheit des persönlichsten Dialogs, den die Menschheit je erschaffen hat. Implizit darin ist auch, wie in aller Wissenschaft und eben im Kern der Kabbala, nicht nur die »Überlieferung« (die wörtliche Bedeutung des Wortes »Qabbaláh«), sondern auch das Aufrührerische, Trotzige, die Weigerung, sich dem Selbstverständlichen zu unterwerfen, das Streben, alles

Bestehende wieder und wieder zu hinterfragen. Dazu kommt die heilende Bedeutung, die in ganz besonderem Maß sowohl der mystischen Tradition im Judentum wie der Psychoanalyse eigen ist: der Tiqqún ha-Olám, die *Wiederherstellung der Welt.*

Doch stellt sich ein weiteres, tieferes Problem: das des grundsätzlich Paradoxen, in sich Widersprüchlichen der seelischen Wahrheit, der philosophischen Wahrheit und sogar gelegentlich der Wahrheit in der Naturwissenschaft, wie wir es heute aus der modernen Physik, dem »Unbestimmtheitsprinzip«, kennen. Uns Psychoanalytikern ist diese dialektische Natur der Erkenntnis außerordentlich vertraut. Dabei rührt es an das, was wir in der Psychopathologie als Verleugnung der Grenzen, als das Nebeneinanderbestehen von Gegensätzlichem, als die Doppelheit von Ja und Nein kennen.

Doch wäre es grundfalsch und ungerecht, eine umfassende philosophische, mythopoetische, mystische und psychologische Weltanschauung auf pathologische Kategorien zu reduzieren. Die ganze Unterscheidung davon, was pathologisch ist, ist, wie ich in früheren Werken ausgeführt habe, unabhängig vom Inhalt der psychischen Akte oder auch von deren formalen Eigenschaften, sondern bezieht sich auf den Gegensatz von innerem Zwang und innerer Freiheit (s. namentlich »Die verborgene Dimension«, 1997, und »Die zerbrochene Wirklichkeit«, 1989).

Ich sage, daß diese Dialektik uns als Psychoanalytiker vertraut ist. Insbesondere handelt es sich dabei um die »Coincidentia oppositorum«, wo je nach Perspektive und Ebene die Gegensätze *beide* wahr sein können, in den Worten, die Niels Bohr als seinen Wappenspruch wählte: »*Contraria sunt complementa*« (Holton 1973, S. 121). Ein gutes Beispiel in der Psychoanalyse ist das, was Merton M. Gill zum inneren Konflikt schrieb: »... ein Verhalten ist eine Abwehr in Hinsicht auf einen Trieb, der primitiver ist als es selbst, und ein Trieb in bezug auf eine Abwehr, die fortgeschrittener ist als es selbst« (1963, S. 122 f.). Ebenso seien Ich und Es relative Begriffe, die sich wechselseitig bestimmen (S. 146). Die Komplementarität der Gegensätze ist ein umfassendes Prinzip im Innenleben, so daß der ganze zweite Teil meines Buches »Die zerbrochene Wirklichkeit« sich um eine Analyse von solchen Komplementaritäten in der Psychologie dreht. Sie ist sein eigentliches Thema.

Der Psychologe, Philosoph und Kabbalist Sanford L. Drob vertieft die Deutung der mythischen Symbolik, wenn er die Sfirót als die folgenden zehn Dimensionen oder Werte der phänomenologischen Erfahrung so darstellt: »die Stellung des Dings (entity) in der Zeit, in den drei Dimensionen des Raums, in der ästhetischen, moralischen und geistigen Wertigkeit, im existentiellen Status (ob es wirklich oder imaginär ist), die Ideen, die es repräsentiert und der Zweck (Willen), dem es dient.« Er fügt hinzu: »Man kann sehr wohl sagen, daß die Dinge und Geschehnisse der Welt besser durch das zehndimensionelle sefirotische Schema beschrieben und verstanden werden können als dies ›in wissenschaftlicher Weise geschieht. Indem die Wissenschaft es unterläßt, Ideen, Willen und Werte als Elemente ihrer Welt zu berücksichtigen, ist sie in ihrer Erfassung solcher Dinge wie menschlicher Persönlichkeiten, geschichtlicher Geschehnisse, ästhetischer Gegenstände und so weiter im Nachteil. Demgegenüber bietet das sefirotische Schema, da es phänomenologisch vollständiger ist, eine Ontologie, die viel breiter in ihrem Kompaß und ihrer Anwendbarkeit ist« (Drob 2000, S. 36). Er vertieft das moderne Verstehen vor allem der lurjanischen Kabbala in sehr eindrücklicher Weise, wenn er feststellt, daß das kabbalistische Symbol der zerbrochenen Gefäße und der damit verbundene Mythos vom Exil Gottes von sich selbst bedeuten, daß alles Dasein Entfremdung und alle Wirklichkeit irgendwie zerbrochen, beschädigt und unvollständig seien. So sei es uns möglich, unter einem Symbol derart verschiedene Phänomena wie das Exil des Menschen vom Menschen (Existentialismus), des Menschen von sich selbst (Freud), des Menschen von den Produkten seiner schöpferischen Arbeit (Marx) zusammenzufassen. Damit erlaube es uns die Theorie, in einem Gedankenakt die Abgründe zwischen den Begriffen Freiheit und Notwendigkeit, Erscheinung und Wirklichkeit, Gut und Böse, Universell und Besonderheit, Theologie und Wissenschaft zu überbrücken und die immer wiederkehrenden Antinomien zu lösen. So sei das Erleben des historischen Exils nur ein Beispiel für das viel breitere ontologische Exil, das in den kabbalistischen Symbolen transparent gemacht werde (S. 27 f.).

Nicht nur kompliziert sich im Lauf der Geschichte der Kabbala so zunehmend auch das Verständnis Gottes, sondern es führt zur Betrachtung einer ganzen innergöttlichen Dynamik von gegensätzlichen Kräften. *Das Konfliktverstehen wird zu einem metaphysi-*

schen Grundprinzip. Alle die in dieser Arbeit untersuchten Polaritäten im Judentum finden nun bildliche Darstellung in Form dieser
göttlichen Vielfalt und Dynamik. Wie die Seele vielfältig und in im
Konflikt stehenden Gestalten erfaßt wird, so gilt dies nun auch für
das Gottesbild.

Eine grundsätzliche Antithese besteht in der »dialektischen
Spannung im kabbalistischen Denken zwischen der Verborgenheit
und Unaussprechbarkeit Gottes einerseits, und seiner Wißbarkeit,
seinem Erscheinen und Offenbarwerden anderseits« (Drob, S. 63).

Ein anderer Grundgegensatz der Kabbala besteht in einer ständigen Doppelheit und Dialektik zwischen *Sein* und *Sinn*: wenn die
Schöpfung einerseits durch einen intellektuellen Prozeß verstanden
wird, nämlich daß sie in der göttlichen Vernunft, Weisheit, Intelli-
genz (*Chochmá*) begründet ist, und wenn sie anderseits als ein Akt
des Willens, des Begehrens, der Bedeutsamkeit und des Wertes begriffen wird (Drob, S. 75–81). Einerseits sei der Grund der Welt, die
Antwort auf die Frage: »Warum gibt es überhaupt Sein?«, die Vernunft selbst (ganz im Sinn Hegels, doch lange vor ihm so postuliert),
in anderen Worten: die *prinzipielle Erklärbarkeit des Seins durch
die Vernunft* (Drob, S. 78: »Reason itself is an ultimate, an ›Absolute‹, a definition of *Ein-Sof*« [En-Sof = das Unendliche, der göttliche Urgrund in der kabbalistischen Philosophie]). Anderseits werde eine Antwort auf die Frage gesucht: »Was ist der Sinn des
Seins?« und im göttlichen »Willen« *(ratzón)* gefunden. Diese zweite Antwort erwies sich als sehr bedeutsam für die weitere Entwicklung der jüdischen Mystik, da sie »Platz machte für Werte, neben
der Vernunft, speziell für die Irrationalität, Sexualität, den Erotizis-
mus und den ›Glauben‹, die in der Kabbala so prominent sind«
(Drob, S. 81). Entsprechend sagt denn auch Moshe Idel: »Ein kabbalistisches Symbol lädt einen eher dazu ein zu handeln als zu
denken« (zit. n. Drob, S. 53). Auch diese Doppelheit liegt im Wesenskern der Psychoanalyse mitbeschlossen.

Darüber hinaus wird schließlich sogar der Gegensatz von Sein
und Nicht-Sinn transzendiert, indem das Göttliche, im Begriff des
En-Sof (des Unendlichen), alle Möglichkeit neben dem Existieren-
den miteinschließe (Drob, S. 68 f., nach Rabbi Nozick). Im Psychologischen erinnert dieser »Urgrund des En-Sof«, des »Unendlichen«, an das Unbewußte (Drob, S. 107), die Gesetze der Wandlun-

gen gemahnen an den Primärprozeß, und damit an die tiefe Gesetzlichkeit unserer Innenwelt, die sich so radikal von den aristotelischen Gesetzen der materiellen wie auch weitgehend der sozialen
Außenwelt unterscheidet. Die Kabbala kann als großartiger Versuch verstanden werden, diese Gesetzlichkeit bildlich und begriff-
lich zu formulieren, und zwar immer wieder in Bildern von Gegensätzlichkeit, Konflikt und Komplementarität.

Ich ende diese Ausführungen zur Ideenwelt einer großen, die
Jahrtausende überdauernden Kultur mit einem alten hebräischen
Satz, den ich Yerushalmis schönem Freudbuch entnehme: »Tam
weló nischlám – beendigt, aber nicht vollendet (finished but not
completed; 1991, S. 96).«[98]

Anmerkungen

Vorwort

1 Zunächst waren es Vorträge vor dem Vorarlberger und Innsbrucker
Arbeitskreis für Psychoanalyse im Jüdischen Museum, Hohenems,
8. März 1997, und vor der Psychoanalytischen Gesellschaft und
Christlich-Jüdischen Arbeitsgemeinschaft in der Synagoge Regensburg, 18. Sept. 1997 und 21. Okt. 1999. Daraus erstand eine Vortrags-
reihe, die für das Göttinger Symposium zu Psychoanalyse und Literatur, 5./6. März 1999, und die Lindauer Psychotherapiewochen, 19.–
23. April 1999, vorbereitet wurde. Längere Auszüge daraus wurden
auf dem Weltkongreß für Psychotherapie, Wien, 3./4. Juli 1999, und
an der Universität Heidelberg, 4./5. Dezember 1999, vorgetragen. Die
ersten Anregungen dafür verdanke ich Frau und Herrn Dr. Wagner-
Partel in Bregenz und Frau Dr. Jaraß in Regensburg. Für die Ermögli-
chung und die Hilfe bei deren Ausgestaltung im Symposiumsformat
bin ich Frau Dr. Gidion und Herrn PD Dr. Reich in Göttingen, Herrn
Prof. Cierpka in Heidelberg, für weitere Vorträge Herrn und Frau Dr.
Deininger in Nürnberg, Frau Prof. Rohde-Dachser in Frankfurt/Main
und Herrn Schreiner in Mainz-Weisenau, Frau Dr. Walesch-Schneller
und Frau Rappenecker in Freiburg sehr dankbar. Mein Sohn Daniel
und seiner Frau Ana-Maria haben mir unzählige Anregungen und Mit-
hilfe bei Büchern und den Internet-Kommentaren des Jüdischen Theologischen Seminars zum Wochenabschnitt gegeben. David und Meyrav Wurmser haben mir bei der Vertiefung der politischen Aspekte,
namentlich im ersten Kapitel, geholfen, und ihnen allen wie auch Yory
Wurmser und seiner Frau Nina Sonenberg danke ich für viele tiefsinnige Gespräche zu den Themen dieses Buches und meiner Frau Zden-
ka für die unermüdliche Unterstützung.

2 Dafür danke ich dem Oberbürgermeister der Stadt Nürnberg, Herrn
Ludwig Scholz, seinem Beauftragten Herrn Dr. Hesselmann und
Herrn Dr. Deininger sehr. Besonders zu dieser Zeit eines neuen, ge-

waltigen, globalen Ansteigens des Judenhasses brauchte es viel Mut, zu diesem Thema Stellung zu beziehen.

Der Ausgangspunkt: Fremdenhaß, Judenhaß und Judenvernichtung

3 von »Chórev«: »Verwüstung, Öde«, eigentlich: »ohne Wasser und ohne Pflanzen sein«; s. Köhler u. Baumgartner 1953.

4 Ich verdanke diese Gedanken meinem Sohn David, der sie insbesondere auf den »Osloprozeß« und die Politik Saddam Hussein gegenüber anwendet, und meiner Schwiegertochter Meyrav, die in ihrem Buch »The Schools of Ba'athism. A Study of Syrian Schoolbooks« (Washington 2000) und in ihren Studien palästinensischer Schulbücher und den Publikationen der arabischen Presse überhaupt deren extreme antisemitische, völlig dem Nationalsozialismus verpflichtete Propaganda gerade während des Zeit des sogenannten Friedensprozesses aufgewiesen hat.

5 »It was this ricocheting of the ›cleansing‹ idea that drew me on day after day, this projection of one's own vileness onto others in order to wipe it out with their blood. Here was guilt, the guilt of illicit sexuality. . . . What was manifestly parallel was the guilt, two centuries apart, of holding illicit, suppressed feelings of alientation and hostility toward standard, daylight society as defined by its most orthodox proponents«, schreibt Arthur Miller, wenn er die von ihm dargestellte »Hexenjagd« (1953) in Salem 1692 und die Suche nach Kryptokommunisten in den fünfziger Jahren miteinander vergleicht (1987/1995, S. 337, 341).

6 Kol sin'áh jesch tiqwáh lirfuatáh, chutz misin'át mi schesin'ató kin'áh. Ich verdanke dieses Zitat einem Artikel von Stuart Schoffman im Jerusalem Report, 4. Juni 2001, »This Cruel Storm«.

7 Ich zitiere aus der Buchbesprechung durch David B. Green in Jerusalem Report, 23. April 2001, S. 45; Marx wird zitiert: »Money is the jealous god of Israel, beside which no other god may exist.« Dazu kommentiert Carroll: »He indulged the same old medieval manipulation. Let's force Jews into moneylending and then hate them for it. Hating Jews for moneylending, let's define them by it.«

8 »They drew a certain perverse sense of dignity from the very purposelessness of their wars, a gallant kicking over of society's tables of

loss and gain. The spirit's logic was the mind's irrationality« (Arthur Miller 1987/1995, S. 360).

9 »Power was fundamentally an idiot who at all cost had to be restrained by a net of rules so basic and so clear that even he could be instructed in them before, in one of his rages, he tore down the house« (Arthur Miller 1987/1995, S. 411).

10 »The ›narrative‹ of the West is very clear: Great societies emerge and flourish under conditions of freedom. They rot and wither when public debate is corrupted and fantasy replaces honesty as a virtue« (»The Massacre that never was«, in: »Weekly Standard«, im Druck).

11 Ich greife den Passus im V. Kapitel in einem anderen Aspekt nochmals auf.

12 »dmei achícha«, d. h. das Blut in der Pluralform; Buber versuchte in seiner Übersetzung diese Pluralbedeutung durch das Wort »Geblüt« herauszuheben.

13 »Kol ha'olám kulló, géscher tzar me'ód. Weha'iqár lo lefachéd klal« (zitiert aus Abrams 1999, S. 111).

Konflikt und Komplementarität

14 Lawrence Inderbitzin und Steven Levy (1998) kritisieren die gängige Psychotrauma-Literatur wegen deren Einseitigkeit: »Was unseres Erachtens regelmäßig in solchen Formulierungen fehlt, ist die Miteinbeziehung der durch das Trauma bewirkten intensiven Frustrierung, der daraus folgenden Aggression und der Gelegenheiten zur Aggression, die durch das ›Wiedererleben von Trauma‹ geboten werden«

15 Marion Oliner untersucht (in einer noch nicht publizierten Arbeit: »Analysts confront the Holocaust. The unsolved puzzle of trauma«) einen oft als Defekt beschriebenen Aspekt der posttraumatischen Störungen, die Dissoziation: »eine der wichtigsten Folgeerscheinungen von Trauma besteht in der Schaffung der Doppelheit, die durch das Persistieren von unveränderlichen und nicht assimilierbaren *Präsentationen* neben den normalen Erinnerungen, die sich mit der Zeit verändern und verblassen, verursacht wird. Die scheinbar wirkliche (factual) Natur der Erinnerungen dieser Geschehnisse, ihre entblößte Realität, wehrt ihre Integration in die psychische Realität ab und dient Abwehrzwecken, ganz besonders gegen Schuld. Diese klar erinnerten Ereignisse können als Deckvorgänge (screen) gegen ihre symbolische Darstellung [representation] dienen.« Die Doppelheit besteht in der

parallelen Existenz von Präsentation und Repräsentation; die erstere wehrt die letztere ab.

16 So heißt es in Prediger 8,10 und 14: »Sodann habe ich gesehen, wie Gottlose begraben wurden und zur Ruhe eingingen, während andere, die recht getan, vom heiligen Orte fort mußten und vergessen wurden in der Stadt: Es ist etwas Nichtiges, das auf Erden geschieht, daß es Fromme gibt, denen es geht, als täten sie Werke der Gottlosen, und daß es Gottlose gibt, denen es geht, als täten sie Werke der Frommen.« – Rabbi Jannai sagte: »Wir haben keinen Aufschluß weder über das Glück der Frevler noch über die Leiden der Frommen« (Sprüche der Väter [Pirqei Avot], 4,19).

17 »Amáj wa'assitém? Ellá man de'avíd piqudé orájta we'azíl be'orchój kachejachól ke'ilú avíd leh le'elá amár qudschá brich hu ke'ilú asa'áni we'uqmúah we'ál da wa'asitém otám«

18 So sagt auch Ismar Schorsch in seinem Kommentar zum Schabbat während der Pessachtage (Schabbat Chol ha-Moed Pessach, 5760; 22.4.2000): »for Judaism truth is best configured in polarities.«

19 Dies steht doch eher im Kontrast zur amerikanischen Selbstverständlichkeit und einer gewissen Vertrautheit der gebildeten Nichtjuden mit Grundzügen des Judentums und der jüdischen Kultur, so oberflächlich diese auch sein mögen (das letztere gilt übrigens auch für die amerikanischen Juden).

Geschichte

20 ad aschér lo-jerachéq chével hakéssef wecharútz gullát hazzaháv

21 Im Zusammenhang mit der Katastrophe von Kosovo schreibt die New York Times in einem Leitartikel zum Ostersonntag am 4. April 1999: »Passover celebrates the emergence of the Jewish people, but its universal drama is that of an escape from oppression, a declaration of freedom and self-determination that remains at issue 3500 years after it was first heard. The ancient Hebrews' exodus from Egypt clears the way for them to receive a code of conduct from one God, a code that defines what forever makes them Jews. But this week as Jews eat matzoh at Passover, the ›bread of affliction‹ can symbolize not simply the flight from Egypt, but the constant danger of regarding any people as strangers in their own land. It is no accident that the Passover seder has in recent years drawn the faithful from other religions and backgrounds. Alienation and expulsion, after all, is the oldest and perhaps

most shocking of human dramas. The tragedy in the Balkans now is
that there is no sign yet of any promise of return or deliverance, but
the deep yearning for that promise is surely what can lead to action by
others.«

22 Zu dieser Theologisierung des Politischen in der alttestamentlichen
Bundestheologie schreibt Assmann weiter: »Hier werden die politischen Modelle des Staatsvertrages und der Treueidverpflichtung zur
Grundlage einer Theologie gemacht, die das Thema der Weltzuwen-
dung Gottes in eindeutig politischen Formen darstellt und das Thema
der politischen Ordnung in geradezu radikaler Weise theologisiert.
Diese ›Theologisierung‹ des Politischen hat die damalige Welt ebenso
fundamental revolutioniert wie in der Neuzeit die Säkularisierung des
Theologischen« (2000a, S. 30). »Der alles entscheidende Schritt Israels bestand darin, die Gerechtigkeit aus der sozialen und politischen
in die theologische Sphäre zu transponieren und dem unmittelbaren
Willen Gottes zu unterstellen. Dieser Schritt wurde in einer Form vollzogen und kodifiziert, die ihrerseits rechtlichen Charakter hat: in der
Form eines Rechtsvertrages. ... Anstatt um eine Ethisierung der Religion handelt es sich vielmehr um eine ›Sakralisierung der Ethik‹«
(S. 69).

23 Im schon eingangs zitierten Artikel von James P. Allen »Monotheism.
The Egyptian Roots«, 1999, S. 54, lesen wir entsprechend: »What was
radical about Akhenaten's theology was not its proclamation of the
oneness of god but its insistence on *exclusivity*. Traditional Egyptian
religion, like Egyptian thought, reflects a polyvalent logic: Different
explanations of a phenomenon are seen as complementary rather than
as mutually exclusive. To take but one example, creation accounts cen-
tered on Atum, Re, Amun or a number of other gods are not competing
cosmogonies, as earlier Egyptologists thought, but rather complementary explanations of the creation – different facets of an essentially
uniform understanding of how the world came into being. In the same
way, the polyvalent logic of Egyptian thought could easily allow an
appreciation of the underlying oneness of god to coexist alongside,
and even within, traditional Egyptian polytheism – and, in fact, the
evidence suggests that it did so long before Akhenaten. ... In this
understanding of the world, what Akhenaten invented was not the notion that god is One but the belief that god is *only* One. Insofar as
monotheism is defined as exclusive in this way, his religion is in fact
the first recorded instance of true monotheism. But this is not the same
thing as saying that Akhenaten was the first to appreciate the underlying oneness of god. What Akhenaten introduced to the world is rather

the first recorded instance of *univalent* logic – the notion that one and only one explanation of reality can be true. It is this characteristic, rather than his understanding of the divine, that was new and radical in Egyptian thought. And it is probably this exclusivity in Akhenaten's teaching, more than any other feature, that ultimately doomed his new religion to failure in Egyptian eyes«.

24 Dieser Gegensatz ist keineswegs absolut: »Wir finden ... bereits in Ägypten eine ›Umbuchung‹ aus der sozialen in die religiöse Sphäre, die in mancher Hinsicht der israelitischen Bundestheologie entspricht. In Israel institutionalisiert allerdings nicht der Einzelne, sondern ein ganzes Volk seine Beziehung zu einem Gott im Modell und in der Form des politischen Vertrages, der hier ebensowenig wie in Ägypten das Patronat eine bloße Metapher ist. ... An die Stelle der Ma'at tritt der Wille Gottes« (in spätägyptischen Urkunden) (Assmann 2000a, S. 125).

25 Im Gegensatz zur Annahme, daß der Kern jeder Religion der Glaube an die Unsterblichkeit der Seele sei, wies Spinoza nach«, daß ausgerechnet in den mosaischen Offenbarungsschriften, der Grundurkunde des westlichen Monotheismus, von Jenseits und Unsterblichkeit mit keinem Wort die Rede ist. ... Wer die Unsterblichkeit der Seele predigte, waren die Heiden, allen voran die Ägypter» (Assmann 2000b, S. 15 f.). An Stelle des individuellen Unsterblichkeitsglaubens trete »der Gedanke, daß der Mensch in seinen Kindern und Kindeskindern weiterlebt« (S. 16).

26 Assmann bemerkt: »Die Thora, wörtl. ›Weisung‹, ist im Kern – vor allem im Deuteronomium – nichts anderes als die theologisierte Form dieser altorientalischen Weisheit.« Die Weisheitsliteratur habe in Ägypten wie in Mesopotamien das Zentrum der schriftlich fixierten Tradition gebildet (2000a, S. 65).

27 »... the institutions of the league, the twelve-tribe pattern, the institution of Holy War, *cherem*, the extension of kinship obligations by covenant, and the choice of the single, patron god have their closest analogues in the southeast, in Edom and Qedar and in Moab and Ammon ... these institutions do not stem from the urban, Canaanite culture ... there is a strong anti-Canaanite, patriarchal-egalitarian, antifeudal polemic in early Israel« (Cross 1998, S. 68 f.).

28 »... the gradual settlement approach seems in keeping with the available archeological evidence« (Callaway, in: Shanks 1999, S. 73). Demgegenüber haben neue Ausgrabungen in der bedeutenden Stadt und Festung von Chatzor im Norden Israels Zeichen der Vernichtung ergeben, die zeitlich gut mit der Eroberungstheorie übereinstimmen (Ben-Tor u. Rubiato 1999, S. 22–39).

29 Auch über die Genese der Stämme besteht viel Unsicherheit, mit stark unterschiedenen alten Kultzentren im Norden um Schechem (Sichem) und im Süden um Hebron und von wechselnder Dominanz und mit verschiedener Gruppierung der Stämme.

30 Mythisch und psychoanalytisch gesehen ist es ein »ödipales« Verbrechen, dem dann die Einsetzung eines verinnerlichten Über-Ich folgt.

31 »Die hebräische Schuldkultur kennt alle Formen der ägyptischen, nämlich ›Lobpreis, Bekenntnis und Opfer‹ – die drei Bedeutungen des hebräischen Begriffs *todah* –, aber darüber hinaus und vor allem die Reue, das zerbrochene Herz, die kostbarste Gabe, die der Mensch Gott darbringen kann (Psalm 51). Die ägyptische Kultur scheint die Vorstellung einer Herzenswandlung nicht zu kennen. Was sich hier wandelt, ist nicht das Herz des Sünders, sondern das des strafenden Gottes« (Assmann 2000a, S. 170).

32 Angesichts deren Vielschichtigkeit ist es sehr schwierig zu sagen, was daran wirklich »ursprünglich« ist. Wie die Ausführungen bis jetzt darzulegen versuchten, reicht manches sowohl als schriftliche wie zutiefst wohl auch als mündliche Tradition sehr weit in die nahöstliche Vergangenheit zurück und wurde wohl immer wieder in manchen Fassungen umgearbeitet. Die Theorie der Bibelkritik der letzten 100 Jahre spricht von vier solcher Hauptströmungen, die die Komposition der Thora ausmachen, je nach dem gebrauchten Gottesnamen, »Jahwist« oder »Elohist«, sowie den sogenannten Priester- und Deuteronomistenteilen.

33 »Gerechtigkeit stellt Gott wesentlich mehr zufrieden als der Opferkult. Das leidenschaftliche Plädoyer der Propheten gegen die Ungerechtigkeit stellt den klassischen Fall einer ›Umbuchung‹ dar der Heilsinvestitionen vom Opfer auf Gerechtigkeit, von Kult und Fest auf die alltägliche Lebensführung« (Assmann 2000a, S. 66).

34 Z. B. Liberalismus (Reformer, Konservative, Rekonstruktionisten) gegen Orthodoxie, Chassidismus gegen deren »Gegner«, die »Mitnagdím«, Diaspora-Judentum und Oberster Gerichtshof in Israel gegen den vom orthodoxen Rabbinat bestimmten Status quo der Gesetzgebung im Staat.

35 Rabbi Sholom Salfer schreibt: »The Tabernacle is our oasis in Space, and the Schabbos is our oasis in Time« (Baltimore Jewish Times, 12.3.1999). Es gibt einen jüdischen Witz, der diese Transposition aus dem Örtlichen ins Zeitliche in karikierter Form wiedergibt: »Krakower: ›Bitte eine Fahrkarte nach Hamburg!‹ Schalterbeamter: ›Über Uelzen oder über Stendal?‹ Krakower: ›Über Pessach‹« (Landmann 1960, S. 271).

36 »bizmán schebét hamiqdásch qajám, mizbéach mekappér al adám.

149

Achscháw schulchanó schel adám mekappér aláw« (ich verdanke den Hinweis auf diese und die folgende Stelle dem Kommentar von I. Schorsch, Sh. Vajikra, 20.3.1999).

37 Kohelet Rabbah 10,7. Ich übersetzte aus dem Original z. T. mit Hilfe von Naditch 1998, S. 37.

38 R. Paul Caplan, Baltimore Jewish Times, 23. Januar, 1998; Talmud-übersetzung, hg. v. I. Epstein, Yevamoth, S. 417.

39 Ismar Schorsch schreibt: ». . . divine presence has taken the form of the written word. Nothing exceeds the sanctity of the Torah scroll. To re-move it and read (chant) it publicly reenacts the initial experience of the revelation at Sinai and underscores the essence of Judaism as a relation-ship to a book. . . . The language of religion is symbolic. It points be-yond itself to a hoary past and an elusive presence« (13.6.1998, Beha'alotecha).
Ähnlich Jonathan Rosen: ». . . the Talmud was also born partly out of loss. The Talmud offered a virtual home for an uprooted culture, and it grew out of the Jews' need to pack civilisation into words and wander out into the world. The Talmud became essential for Jewish survival, once the Temple – God's pre-Talmud home – was destroyed, and the Temple practices, those bodily rituals of blood and fire and physical atonement, could no longer be performed. When the Jewish people lost their home (the land of Israel) and God lost his (the Temple), than a new way of being was devised, and Jews became the people of the book, and not the people of the Temple or the land« (Rosen 1998).

40 »Yochanan's journey in his coffin is the symbolic enactment of the transformation Judaism underwent when it changed from a religion of embodiment to a religion of the mind and of the book. Jews died as a people of the body, of the land, of the Temple service of fire and blood, and then, in one of the greatest acts of translation in human history, they were reborn as the people of the book« (Rosen 1998).

41 »In an exegetical culture like Judaism, where religious imagination has transformed the words of Torah into strands of infinite purpose, it is possible to touch on almost every facet of Jewish life through its lens. The Torah is a tapestry of ever changing color and design« (I. Schorsch, Komm. zu Shabbat haGadol, 27. 3.1999).

42 Es sei angemerkt, daß Beruriah, die gelehrte Frau des Rabbi Meir, die Tochter von Rabbi Chanina ben Teradion war. Ihre Meinungen waren sehr geachtet und entschieden schwierige Fragen religiösen Rechts. Ihr Mann, Rabbi Meir, war selbst einer der bedeutendsten Gelehrten und Mitverfasser der Mischna. Es gibt auch andere Stellen, die zeigen, daß er das religiös-rechtliche Studium von Frauen unterstützte und

daß Frauen seinen Thora-Erklärungen regelmäßig beiwohnten (Yerus-halmi, Sotah, 1:4, 16 d, zit. n. Abrams 1995).

Konflikt und Komplementarität im Über-Ich

43 Dazu schreibt Jan Assmann: »Das erste Gebot, ›Du sollst den Herrn, deinen Gott, lieben aus ganzem Herzen, ganzer Seele und ganzem Vermögen‹, ist der Kernsatz des Schema-Gebets, dessen Herkunft aus hethitischen Treueverpflichtungen M. Weinfeld aufgezeigt hat . . ., und betrifft die vertikale Bindungsachse. Das andere, ihm an Bedeutung gleiche Gebot, die Nächstenliebe, betrifft demgegenüber die horizontale Bindungsachse. Beide zusammen umschreiben die gesamte Ordnung des ›Gottesvolks‹ und enthalten damit in der Tat ›das ganze Gesetz und die Propheten‹« (2000a, S. 129, s. a. S. 62).

44 Die Rechtsgleichheit wird auch schon in der ägyptischen Ethik betont: »Parteilichkeit ist der Abscheu Gottes« (Assmann 2000, S. 205 f.).

45 Ich verdanke den Hinweis auf diesen Passus Herrn Jakob Gellis in Zürich. Die folgenden Zitate Gellis' beruhen auf mündlichen Mitteilungen.

46 D. Marcus sagt (»Schabbath Mischpatim«, 21. 2.1998): »It is an astonishing fact that the Bible has more laws dealing with the protection of the stranger than with any other law, including honoring God, observing the Sabbath, festivals, etc.«

47 »Higgíd lechá adám, ma-tóv umáh adonái dorésch mimmécha, ki imassót mischpát weahavát chéssed wehatzné'a léchet im elohécha.« – Es ist interessant, worauf Rabbiner Krochmalnik in Heidelberg hinweist: daß das Wort »chessed«, »Verbundenheit und Gnade«, auch »Schande« bedeutet, wiederum das, was Freud als den »Gegensinn der Urworte« bezeichnete (persönl. Mitteilung Dr. G. Seidler).

48 Ich verdanke diesen Gedanken, wie so viele andere in dieser Arbeit, meinem Sohn Daniel.

49 Ich verdanke den Hinweis dem Kommentar von Ismar Schorsch zu Noach, 24. 10.1998. Einen ähnlichen Midrasch, der sich auf Abrahams Hadern mit Gott vor der Vernichtung von Sodom und Gomorrha bezieht, habe ich schon früher zitiert (s. Wurmser 1999a, S. 277).

50 »Hillel omér: Hewéh mitalmidáw shel-Aharon ohév shalóm werodéf shalom, ohév et-habrijót umeqorbán latoráh. Hu hajá omér: Negíd shemá avád sheméh, udlá mosíf jaséf, udlá jallíf qetalá chajáv, ude'ishtammásh betagá chaláf. Hu hajá omér: Im en ani li, mi li,

uke'aschér le'atzmí, mah ani, we'im lo achsháw ematáj« (Pirqé Avót, 1, 12–14).

51 »... kol hammaschpíl atzmó, haqódesch baruch hu magbíhu; wekól magbíah atzmó, haqódesch baruch hu maschpílo. Kol hammechazér al hageduláh, geduláh boráchat miménnu; we kol haboréach min hageduláh, geduláh mechazéret acheráw. Wekól hadochéq et hasha'áh, sha'áh dochaqtó, wekól hanidcháh mipné sha'áh, sha'áh omédet lo« (Eruvín, 13b.).

52 kol hama'avír al middotáw, ma'avirín lo al kol pescha'áw'; dasselbe in Rosch haSchana, 17a.

53 averót schebén adám lemaqóm, Jom haKippurím mekappér; averót schebén adám lechaveró, en Jom haKippurím mekappér ad schejeratzéh et chaveró (Talmud Joma, 85b; Mischna Joma, 8.9).

54 »kol hamevaqésch matú mechaveró, al jevaqésch miménnu jotér mischalosch pa'amím« (Joma, 87a/b)

55 »... melamméd schekullén arevím ze bazéh! Hatám, sche hajá be'jadám limchót weló michú.«

56 Assmann differenziert sehr trefflich: »Schuld heißt, ein Gesetz übertreten, Sünde dagegen: ein Bündnis brechen (Assmann 2000a, S. 177).« Das wird von ihm konkret expliziert: »Die ägyptische ›Urschuld‹ ist die Habgier, sie ist das Laster aller Laster. Habgier betrifft den Mitmenschen und die Gemeinschaft. Über diesen Horizont denkt die ägyptische Moralität nicht hinaus. Die israelitische Ursünde dagegen ist Idolatrie, wie sie in der Geschichte vom Goldenen Kalb veranschaulicht wird (und nicht etwa die Frucht vom Baum der Erkenntnis; die rückt erst in der christlichen Tradition an diese zentrale Stelle)« (S. 176).

57 Ich folge hier den Erläuterungen von Rabbi Steinsaltz, Bd. XV, S. 103 f.

58 amár haQódesch barúch hu leJissra'él: Banáj, patchú li fétach echád schel teschuvá kechuddáh schel máchat we'aní potéach lachém petachím schejihejú agalót uqranijót nichnassót bo.

59 Ich glaube, dieses Bild des Erblassens bezieht sich auf die Form der Scham, die als Affekt der schon geschehenen Bloßstellung (innerlich oder äußerlich) folgt, im Gegensatz zur Schamangst oder der Präventivhaltung der Schüchternheit, die doch eher mit Erröten als Erblassen einhergehen.

60 Ich benutzte, neben dem Original, sowohl die deutsche wie die englische Übersetzung von Goldschmidt bzw. Epstein.

61 we'atém tihejú-li mamléchet kohaním wegój qadósch: Exodus 19,6.

62 »Das ägyptische Wort Ma'at bezieht sich auf semantische Felder, die

wir im deutschen mit Recht, Gerechtigkeit, Richtigkeit, Wahrheit, Ordnung umschreiben können. Ma'at ist eine regulative Idee, an der sich sowohl die Rechtssprechung der Richter als auch die Unterweisung der sogenannten Weisheitslehrer orientieren soll. ... Ma'at bezieht sich auf den inneren Zusammenhang einer funktionierenden Weltordnung, die man sich nach dem Modell dieses Zusammenhangs von Tun und Ergehen vorstellt. ... In einer nach dem Prinzip Ma'at organisierten Welt lohnt sich das Gute und rächt sich das Böse« (Assmann 2000a, S. 185 f.).

63 Assmann (2000a, S. 33) schreibt: »Pharao verkörpert die Gerechtigkeit (*Ma'at*), in seinen Entscheidungen und Handlungen verwirklicht sich das Ideal der gerechten Ordnung.«

64 »Im olám ata mevaqésch, en din; we'im din ata mevaqésch, en olám.«

65 In dem bereits vorher zitierten Leitartikel der New York Times zum Ostersonntag 1999 (»A Season of Sacrifice«) heißt es: »The universal symbolism of Easter ... is about a promise of salvation after defeat that is of a deeply personal nature, rather than the emergence of a people. For Christians and non-Christians alike, the story Easter celebrates is that of one man maintaining his faithfulness before the military might of an oppressive government and the taunts of the crowd, a lesson of integrity and determination that has molded much of civilization as we know it. This story of sacrifice and redemption does little, of course, to lessen the pain of Kosovo. But its vision of justice rising above the temporal powers of the day is a reminder that the human spirit can triumph in the end.« Der Artikel geht weiter und bezieht auch den mohammedanischen Festtag von Id al-Adha mit ein, mit dem Anklingen sowohl von Mohammeds Flucht von Mekka nach Medina wie von Abrahams Bereitschaft, seinen Sohn Isaak zu opfern.

66 Das heißt, daß der Mehrheitsbeschluß eines Gerichts gültig ist.

67 Dieser wäre Rabban Gamliel der Erste, der auch im Neuen Testament als Lehrer von Paulus erscheint.

68 »Kol hasche'arim nin'alim chutz mischa'arei ona'ah«.

69 Mum scheb'chá al tomár lachaverchá

70 »The preservation of the sages' process and the affirmation that the process is more important than any one sage's objective ›correctness‹ about tradition are what the Bavli [the Babylonian Talmud] underscores. In addition, the passage is about the importance of hurt feelings and this accounts for its placement in the commentary to this mishnah. The two points are complementary. A process that takes no account of feelings won't work, just as a system that only caters to feelings with-

out some sense of limits and integrity won't function either« (Abrams 1999, S. 104).

71 Vgl. Assmann (2000a, S. 187) in bezug auf die während der »Achsenzeit« zum Durchbruch kommende »Idee, daß gerade der Gerechte leiden muß, und zwar um so mehr, je kompromißloser und unbedingter er an der Gerechtigkeit festhält. Hier kommt ein Weltbild zum Durchbruch, das durch einen kategorischen Bruch gekennzeichnet ist: zwischen ›dieser Welt‹ und dem Reich Gottes, zwischen Status quo und Wahrheit, zwischen Sein und Sollen, zwischen dem Gegebenen und dem Eigentlichen, oder wie immer man die beiden Sphären dieser gespaltenen Welt bezeichnen will« (S. 187).

Das kategorielle Denken und die Würde des Einzelnen

72 Ich verdanke alle diese Hinweise dem Kommentar von Arthur Waskow in Jerusalem Report, 15.1.2001: »The God Who Nurtures at the Breast«, Vol. XI, No. 19, S. 33.

73 Schorsch sagt abschließend (7.11. zu Vajera): »Above all, ultra-nationalism must not be allowed to shred the ancient tapestry of Judaism with its inextricable strands of universalism and particularism.«

74 »Each nation has its own work, and is a member of the world, enriched by the work of each . . .« (G. Eliot, Kap. 42, S. 590).

75 ». . . choose our full heritage, claim the brotherhood of our nation, and carry into it a new brotherhood with the nations of the Gentiles. The vision is there; it will be fulfilled« (Kap. 42, S. 598).

76 ». . . the divine unity embraced as its consequence the ultimate unity of mankind« (Kap. 61, S. 802).

77 ». . . specialness can easily slip into denigration of the other, chosenness into contempt« (Komm. Shabbat Emor, 1.5.1999)

78 isch al-digló be'otót levét avotám

Bedeutung und Deutung

79 Steinsaltz, Vol. 1, S. 21: »But here, in the case of our Mishna, who can say that one of the claimants is fraudulent? Perhaps both claimants are telling what they believe to be the truth, as it is possible to say that both claimants picked up the garment at the same time!«

154

80 »Each generation and every community appropriated the Torah afresh through their own interpretive activity, creating a vast exegetical dialogue in which differences of opinion were valid and preserved. The undogmatic preeminence of Torah spawned a textually-based culture that prized individual creativity and legitimate conflict. . . . Judaism does not seek to limit our thinking, only our actions« (I. Schorsch, »The Sacred Cluster: The Core Values of Conservative Judaism«, 8.2.1995).

81 »Since in Judaism divine revelation is subordinate to human interpretation, the history of Jewish exegesis records the evolution of Judaism's moral conscience. Which means that responsibility, courage and compassion are as important in the study of Torah as learning and observance« (I. Schorsch, Komm. Schabbat Vajetze, 2.12.1995).

82 Im folgenden stütze ich mich auf Kommentare von R. Shlomo Riskin, Jerusalem Post, 20.8.1999, S. 31, zu Ki Tetzé.

83 »Such a notice of halakhic development as that strongly implied by this story goes against all brands of traditionalism. If halakha is considered a body that accumulates by the recursive application of a fixed and accepted set of rules to the conclusions of former applications, then Moshe should not have had any difficulty in understanding what went on. Only in areas in which development is liable to involve the *revision* of formerly accepted conclusions, areas in which knowledge does not necessarily accumulate, but is frequently modified or replaced, only in areas of discourse in which revolutions are possible, would one expect the founding fathers to be truly perplexed by future developments – and the further into the future they travel, the greater the perplexity« (Fisch 1997, S. 195).

84 S. z. B. Drob 2000, S. 90: »the mutual interdependence« of these contradictions«.

85 Dábberu émet isch et-re'éhu, émet umischpát schalóm schiftú bescha'arechém

86 »Baraitha (or Boraitha), traditions and opinions of Tannaim not embodied in the Mishna as compiled by R. Judah han-Nasi« (Jastrow 1903/1950, S. 189).

87 Ich folgte hier der englischen Übersetzung des Talmud, hg. von I. Epstein; der Teil von Baba Metzia wurde von H. Freedman übersetzt.

88 (Mai paraschát drachím? Ze talmíd chachám)

89 ». . . in its beginnings, the Rabbinic system of hermeneutics is a product of the Hellenistic civilization. . . . So there is a prima facie case for a direct connection between Hillel's seven norms of interpretation and Alexandria, a centre of Hellenistic scholarship. . . . Evidently,

155

they had taken over from the Hellenistic schools of philosophy the ideal of working out any problem by unfettered argument and counter-argument« (Daube 1949/1975, S. 276 f.).

90 Das hebräische Wort »Pardéss« und das griechische »parádeisos« stammen beide vom persischen »pairidaêza«, »Umwallung« und dem davon abgeleiteten akkadischen »pardízu«, »Baumgarten, Park«; die letztere Bedeutung ist auch die im Hebräischen (Köhler u. Baumgartner 1953).

91 Ich bin freilich nicht sicher, ob diese Bedeutung schon zu talmudischer Zeit bekannt war und angewandt wurde.

92 Ich wies auf diesen Midrasch schon kurz in meinem Buch »Magische Verwandlung und tragische Verwandlung«, 1999, S. 315, hin.

93 ». . . the rabbis had memorized the plan of the Temple at Jerusalem. It served as the model for esoteric discourse. In this fashion the ancient rabbi could ›move‹ in his mind (letayyél) through the different parts of the Temple and reach the inner Sanctuary where the Shechiná (Divine presence dwells) . . .« (Faur 1999, S. 37). From the upper chamber (aliyá) workers were let down into the Sanctuary within a box so that they would not look at the Shechiná with unchaste thoughts. Faur adds now the interesting commentary: »There is a reference to the Temple's upper chamber in Mt. 4:5 and Lk 4:9 where it is said that Satan took Jesus to the upper chamber of at the Temple (to pterýgion tou hieroú) and tempted him to cast himself down. Because the specific function of this upper chamber was not adequately understood, the translators and commentators failed to grasp the precise meaning of this passage and rendered it ›pinnacle of the temple.‹ Its precise sense was preserved in *The polemic of Nestor the Priest.* . . . In the Arabic version . . . the above passage was rendered *ajaar il-haikhal* ›the roof of the Temple‹. The term *ajaar* is an Arabization of the Aramaic *agara* ›roof‹. Like the Greek *pterygion*, *ajaar* may also stand for a ›structure built on the roof,‹ that is an ›aliya‹ or upper chamber. The second term, *haikhal*, is an Arabization of the Hebrew *hekhal*. Unlike its Arabic cognate, however, the Hebrew means not only ›palace‹ but also ›Temple‹, particularly the Temple in Jerusalem. . . . The incident refers to Jesus's attempt mentally to enter the inner Sanctuary and to gain access to Jewish esoteric knowledge. The usual interpretation, that Satan challenged Jesus to throw himself down the roof, makes little sense. Rather, Satan was challenging him to *descend* from the upper chamber down the trap to the Sanctuary. The temptation (his supreme temptation according to Lk 4:9) is the temptation luring all those daring to come down to the inner Sanctuary via the trap at the Temple's upper chamber to take a peek at the Divine

Presence and to ›delight (*lazun*) their eyes from Him‹. Properly, Jesus refused to descend. Thus, unlike the other three scholars, Jesus did not meet a tragic end on his way down«, meaning those three that had entered the »pardess« of mystical meditation and had perished by insanity, death or apostasy (S. 202 f.).

94 Das Wort Sefirá (Sfirá) hat eine doppelte Herkunft. Im Hebräischen ist es abgeleitet vom Verbum *safár* und bedeutet »Zählung, Zahl, Ära, Datum«, doch auch »Erzählung« (von *sippér*). Zugleich aber klingt es an das griechische *Sphaira* (spätgriech. *sfira*) an, wovon sich unser Wort »Sphäre« ableitet: »Kugel, Ball«.

95 Oft auch »Din«, d. h. »Gericht, Gerechtigkeit« genannt.

96 Drob schreibt ebenso: »Kabbalah is not only, in effect, a ›psychoanalysis of God;‹ but a complete psychoanalysis of man is at the same time a kabbalistic inquiry into the deity« (2000, S. 106).

97 Es ist eine Passage, die von V. Terras als passe-partout für Dostojewskijs Roman »Die Brüder Karamasow« bezeichnet wird: »probably the master key to the philosophic interpretation, as well as to the structure«, zit. in engl. Übers. von R. Pevear und L. Volokhonsky. San Francisco 1990, S. 788.

98 Nach Information von Herrn Dr. G. Schüler fand sich dieses Wort am Ende von frühen hebräischen Drucken. Herr J. Gellis führt genauer dazu aus, das ursprüngliche Zitat heiße zum Beispiel bei Maimonides: »Tam wenischlam be'ezrat haschem jitbarach – beendet und vervollständigt mit der Hilfe Gottes, es sei gesegnet.« Der Kommentator Rabbi Jitzchaq Lifschitz (Maschedlitz) frage nach dem Ursprung dieses Gebrauchs und weise auf den Schlußsatz der Thora hin: ». . . in all der starken Hand, in all der großen Furchtbarkeit, die Mosche dartat den Augen von Jissrael« (Deuteronomium 34,12, in der Buber-Rosenzweig-Übersetzung): daß so die Verfassung des Textes (chibbur) mit Gottes Hilfe abgeschlossen sei. Unmittelbar darunter steht denn auch das Wort gedruckt: »Tam wenischlám tehillá le'él boré olám – beendigt und vollendet; Preis sei Gott, dem Schöpfer der Welt«, und dasselbe gilt nach jedem Buchabschluß im T'nach. Die Negation ist Ausdruck der Bescheidenheit: vollständig wie das Werk Mose (oder Gottes) kann das eigene Manuskript nicht sein.

Literatur

Abrams, J. Z. (1995): The Women of the Talmud. Northvale, NJ.

Abrams, J. Z. (1999): A Beginner's Guide to the Steinsaltz Talmud. Northvale, NJ.

Allen, J. P. (1999): Monotheism. The Egyptian Roots. Odyssey, Bd. 2, Nu 3: 44–54.

Assmann, J. (1997): Moses the Egyptian. The Memory of Egypt in Western Monotheism. Cambridge, Mass. (dt.: Moses der Ägypter. Entzifferung einer Gedächtnisspur. München, 1998).

Assmann, J. (2000a): Herrschaft und Heil. Politische Theologie in Altägypten, Israel und Europa. München.

Assmann, J. (2000b): Der Tod als Thema der Kulturtheorie. Frankfurt a. M.

Ben-Tor, A.; Rubiato, M. T. (1999): Excavating Hazor: Part I: Solomon's city rises from the ashes. Part II: Did the Israelites destroy the canaanite city. Biblical Archaeology. Review, Bd. 25, Nu 2/3; März/April, S. 26–38; Mai/Juni, S. 22–39.

Bialik, H. N.; Ravnitzky, Y. S. (urspr. hebr. 1908–1911, rev. 1952, übers. 1992): Book of Legends. Sefer Ha-Aggadah. Legends from the Talmud and Midrash. Übers. v. W. G. Braude. New York.

Blumenberg, Y. (1996): Psychoanalyse – eine jüdische Wissenschaft? Forum der Psychoanalyse 12: 156–178.

Blumenberg, Y. (1997a): Die Crux mit dem Antisemitismus. Zur Gegenbesetzung von Erinnerung, Herkommen und Tradition. Psyche 51: 1115–1160.

Blumenberg, Y. (1997b): Freud – ein »gottloser Jude«? Zur Frage der jüdischen Wurzeln der Psychoanalyse. Luzifer-Amor 10, Heft 19: 33–80.

Blumenberg, Y. (1999): Die Traumdeutung als Schibboleth (und) im Schatten der Illegitimität. Vortrag, 15.5.1999.

Cahill, T. (1998): The Gifts of the Jews. How a Tribe of Desert Nomads Changed the Way Everyone Thinks and Feels. New York.

Camus, A. (1942): Le mythe de Sisyphe. Essai sur l'absurde. Paris. (dt.: Der Mythos von Sisyphos. Ein Versuch über das Absurde. Übers. von H. G. Brenner u. W. Rasch. Hamburg, 1986).

Carroll, J. (2001): Constantine's Sword: The Church and the Jews: A History. Boston.

Cassirer, E. (1923a, 1923b, 1929): Philosophie der symbolischen Formen. Bd. I, II, III. Darmstadt, 1956 (Bd. I), 1958 (Bd. II u. III).

Cassirer, E. (1944): An Essay on Man. New Haven, 1962.

Cross, F. M. (1997): Canaanite Myth and Hebrew Epic. Essays in the History of the Religion of Israel. Cambridge.

Cross, F. M. (1998): From Epic to Canon. History and Literature in Ancient Israel. Baltimore.

Crow, J. A. (1985): Spain. The Root and the Flower. An Interpretation of Spain and the Spanish People. Berkeley.

Dan, J. (1986): Jewish Mysticism and Jewish Ethics. Seattle.

Dan, J. (1998a): Jewish Mysticism. Vol. I: Late Antiquity. Northvale, NJ.

Dan, J. (1998b): Jewish Mysticism. Vol. II: The Middle Ages. Northvale, NJ.

Daube, D. (1949): Rabbinic methods of interpretation and hellenistic rhetoric. In: Corré, A. (Hg.), Understanding the Talmud. New York, 1975.

Dostojewskij, F. M. (1864): Aufzeichnungen aus dem Kellerloch/Untergrund.

Dostojewskij, F. M. (1879/80): Brat'ja Karamazovy [Die Brüder Karamasow]. Russ Ausgabe. Chudožestvennaja literatura. Moskau, 1988.

Drob, S. L. (2000): Symbols of the Kabbala. Philosophical and Psychological Perspectives. Northvale, NJ.

Edvardson, C. (1998): Gebranntes Kind sucht das Feuer. Übers. v. A.-L. Kornitzky. München.

Eickhoff, F.-W. (2000): Rezension: B. Grunberger u. P. Dessuant: Narzißmus, Christentum, Antisemitismus. Eine psychoanalytische Untersuchung. Klett-Cotta, 2000. In: Zeitschrift für psychoanalytische Theorie und Praxis XV/4: 491–501.

Eliot, G. (1876): Daniel Deronda. London, Penguin Books, 1982.

Faur, J. (1999): Homo Mysticus. A Guide to Maimonides's Guide for the Perplexed. Syracuse.

Finkelstein, L. (1936): Akiba. Scholar, Saint, and Martyr. Northvale, NJ, 1990.

Fisch, M. (1997): Rational Rabbis. Science and Talmudic Culture. Bloomington.

Fox, E. (1995): The Five Books of Moses. New York.

Freud, S. (1912): Totem und Tabu. G.W. Bd. IX. Frankfurt a. M.

Freud, S. (1930): Das Unbehagen in der Kultur. G.W. Bd. XIV. Frankfurt a. M., S. 419–506.

Freud, S. (1937/1939): Der Mann Moses und die monotheistische Religion. G.W. Bd. XVI. Frankfurt a. M., S. 101–246.

Freud, S. (1940): Abriß der Psychoanalyse. G.W. Bd. XVII. Frankfurt a. M., S. 63–140.

Gill, M. M. (1963): Topography and systems in psychoanalytic theory. Psychological Issues, vol. III, No. 2, Monograph 10. New York.

Goethe, J. W. v.: Gesamtausgabe. dtv, München, 1961.

Gruen, A. (2000): Der Fremde in uns. Stuttgart.

Hadas, M. (1963): Hellenistische Kultur. Stuttgart.

Holton, G. (1973): Thematic Origins of Scientific Thought. Cambridge, Mass.

Inderbitzin, L. B.; Levy, S. T. (1998): Repetition compulsion revisited: Implications for Technique. Psychoanal. Quart. 67: 32– 53.

Jacobson, D. (2001): When Palestine meant Israel. Biblical Archaeology Review Bd. 27, Nu 3, Mai/Juni, S. 42–48.

Jastrow, M. (1903): Dictionary of Talmud Babli, Yerushalmi, Midrashic Literature and Targumim. New York, 1950.

Kaegi, A. (1931). Benselers Griechisch-Deutsches Schulwörterbuch. Leipzig.

Kafka, F. (1946): Der Prozeß. 3. Ausgabe. Hg. v. M. Brod. New York.

Kant, I. (1797/1798): Metaphysik der Sitten. Werke in 10 Bänden. Bd. 7. Darmstadt, 1983.

Kaus, R. J. (2001): Erzählte Psychoanalyse bei Franz Kafka II: ›Eine kleine Frau‹ – eine große Erzählung. Manuskript.

Klüger, R. (1992): Weiter leben. Eine Jugend. Göttingen.

Koehler, L.; Baumgartner, W. (1953): Lexicon in Veteris Testamenti Libros. Leiden.

Kubie, L. S. (1937): The fantasy of dirt. Psychoanal. Quart. 6: 338– 425.

Kubie, L. S. (1954): The fundamental nature of the distinction between normality and neurosis. Psychoanal. Quart. 23: 167–204 (abgedruckt in: Kubie 1978).

Kubie, L. S. (1978): Symbol and Neurosis. Selected Papers. Hg. v. H. J. Schlesinger. Psychol. Issues, Monogr. 44. New York.

Landmann, S. (1960): Der jüdische Witz. Olten.

Langer, S. (1942): Philosophy in a New Key. Cambridge, Mass.

Lansky, M. R. (1999): Hidden Shame. Working through, and the Problem of Forgiveness in ›The Tempest‹. Vortrag bei der American Psychoanalytic Association, Washington, DC, Mai 1999.

Laytner, A. (1990): Arguing with God. A Jewish Tradition. Northvale, NJ.

Mann, T. (1933, 1936, 1943): Joseph und seine Brüder. Berlin/Stockholm. Frankfurt a. M., 1966.

Mann, T. (1943/1944): Das Gesetz. In: Die Erzählungen, Bd. 2. Frankfurt a. M., S. 621–672.

Mendenhall, G. E. (1973): The Tenth Generation. The Origins of the Biblical Tradition. Baltimore.

Midrash Rabbah. Engl. übers. v. H. Freedman. 10 Bde. London, 1983; hebr.: hg. v. Lewin-Epstein Jerusalem.

Miller, A. (1987): Timebends: A Life. New York/London, 1995.

Mishnah. Übers. v. H. Danby, 1933, Oxford, 1958.

Naditch, J: Rabbi Akiba and his contemporaries. Northvale, NJ, 1998.

Neuman, L. I.; Spitz, S. (1945): The Talmudic Anthology. Tales and Teachings of the Rabbis. West Orange.

Odenheimer, M. (1999): Honor or death. Jerusalem Report, 1.3.1999, vol. IX, No. 22.

Ornstein, A. (2000): Traumata des Alltagslebens. In: Kutter, P. (Hg.), Psychoanalytische Selbstpsychologie – Theorie, Methode, Anwendungen. Göttingen.

Ouaknin, M.-A. (1986): The Burnt Book. Reading the Talmud. Engl. Übers. v. L. Brown. Princeton, 1995.

Ouaknin, M.-A. (1999): Jerusalem Report, 15.3.1999, vol. IX, No. 23: 50.

Rosen, J. (1998): The Talmud and the Internet. The American Scholar, Spring 1998, vol. 67, 2: 47–54.

Rosenzweig, F. (1921): Der Stern der Erlösung. Heidelberg, 1954.

Scheler, M. (1915): Das Ressentiment im Aufbau der Moralen. In: Vom Umsturz der Werte. Gesammelte Werke, 3. Bern, 1955, S. 33–147.

Schlant, E. (1999): The Language of Silence. West German Literature and the Holocaust. New York.

Scholem, G. (1935): Die Geheimnisse der Schöpfung. Ein Kapitel aus dem Sohar. Berlin.

Scholem, G. (1957): Die jüdische Mystik in ihren Hauptströmungen. Zürich.

Shanks, S. (1999): Ancient Israel. From Abraham to the Roman Destruction of the Temple. Washington.

Silberman, N. A. (2000): Heavenly Powers. Unraveling the Secret History of the Kabbala. Edison.

Spero, M. S. (1993): The concept of iconic mental representation as anticipated by the talmudic term De'mut De'yükon. Psychoanal. Contemp. Thought. 16: 233–296.

Steinsaltz, A. (1989–1999): The Talmud. Übers. v. I. Berman, D. Strauss et al. New York.

Talmud, zitiert nach der hebräisch-aramäischen Ausgabe des Babylonischen Talmud, hg. v. Rabbi M. Zioni. Jerusalem, 1962; engl. Übers. hg.

v. I. Epstein. London, 1936 (wo möglich, zitiere ich die Ausgabe von Rabbi Adin Steinsaltz, New York).

Telushkin, J. (1994): Jewish Wisdom. Ethical, Spiritual, and Historical Lessons from the Great Works and Thinkers. New York.

Wurmser, L. (1987): Flucht vor dem Gewissen. Analyse von Über-Ich und Abwehr bei schweren Neurosen. Heidelberg. 3. Aufl. Göttingen, 2000.

Wurmser, L. (1989): Die zerbrochene Wirklichkeit. Psychoanalyse als das Studium von Konflikt und Komplementarität. Heidelberg u. a. (3. Aufl. Teil I. Göttingen, 2001).

Wurmser, L. (1990): Die Maske der Scham. Die Psychoanalyse von Schamaffekten und Schamkonflikten. Heidelberg u. a.

Wurmser, L. (1993): Das Rätsel des Masochismus. Heidelberg u. a.

Wurmser, L. (1997): Die verborgene Dimension. Psychodynamik des Drogenzwangs. Göttingen.

Wurmser, L. (1999): Magische Verwandlung und tragische Verwandlung. Die Behandlung der schweren Neurose. Göttingen.

Wurmser, L.; Gidion, S. (1999): Die eigenen verborgensten Dunkelgänge. Göttingen.

Yerushalmi, Y. S. (1982): Zakhor. Jewish History and Jewish Memory. Seattle.

Yerushalmi, Y. S. (1991): Freud's Moses. Judaism Terminable and Interminable. Haven.

Zohar: Aramäische Ausgabe in 5 Bänden, Israel Koschta, Livorno 1864; engl. Übersetzung v. H. Sperling u. M. Simon. London, 1933/1956.

Einen besonderen Dank möchte ich dem Internet-Service des Jewish Theological Seminary ausprechen, der regelmäßig Kommentare zum Wochenabschnitt publiziert. Darunter sind es insbesondere die Beiträge des Chancellor, Rabbi Ismar Schorsch, die mir ungezählte Anregungen vermittelt haben.